시냅스 초등 글쓰기

시냅스
초등 글쓰기

문해력을 키우는
유쾌한 습관

박민근 지음

은행나무

진짜 필요한 것은 글쓰기 훈련이 아니라 글쓰기 놀이입니다

프랑스의 대학 입시 바칼로레아에는 다음과 같은 질문이 등장합니다.

"스스로 의식하지 못하는 행복이 가능한가?"
"꿈은 필요한가?"
"과거에서 벗어날 수 있다면 우리는 자유로운 존재가 될 수 있을까?"

이러한 질문에 대해 자신의 생각을 자유롭게 적는 논술 시험이 입시의 중심이 된다면, 많은 아이들을 낙오자로 규정짓는 살벌한 경쟁이 없다면, 그래서 시험을 치르는 아이들의

80퍼센트가 자신의 집에서 가까운 국립대학에 입학할 수 있다면, 지금 우리의 교육이 조금은 달라질까요? 이 책을 시작하기에 앞서 이런 엉뚱한, 하지만 간절한 상상을 해보는 것은 우리 아이들이 처한 교육 환경이 왜곡된 입시제도의 영향을 너무도 많이 받고 있기 때문입니다.

이제 읽기보다 쓰기가, 지식보다 창조가 빛을 발하는 시대입니다. 그래서 시냅스 글쓰기가 시냅스 독서보다 훨씬 더 중요하다고 말해도 틀리지 않습니다. 20세기 교육은 누군가가 알려주는 것을 수동적으로 습득하는 것이었습니다. 하지만 21세기 교육은 아무도 생각하지 못한 것을 스스로 알아차리고 새로운 것을 창안하는 능력을 키우는 데 주력해야 합니다. 다시 말해 20세기에 필요한 능력이 독해력이었다면, 21세기에는 글쓰기 능력이 훨씬 더 중요해진 것입니다. 또한 글쓰기 능력은 미래를 장악할 인공지능들과 맞설 인간의 능력 가운데에서도 으뜸입니다. 급변하는 미래에 인공지능이 넘볼 수 없는 인간 고유의 능력으로서 글쓰기의 힘만큼 소중한 무기도 없을 것입니다.

그런데 글쓰기에도 종류가 다양합니다. 아이들이 학교에서 흔히 과제로 받아오는 독서록 쓰기, 그림일기 쓰기 혹은 공부한 내용을 요약하거나 압축하는 글쓰기만 있는 것이 아니라 멋진 노래 가사, 드라마·영화·애니메이션·웹툰·다큐멘터리 시나리오, 카피라이팅 등 요즘 각광받는 글쓰기의 종류는 정말 다양합니다. 그렇다면 현재 이들 분야에서 뛰어난 글쓰기 역량을 빛내고 있는 이들이 과연 입시제도에 고분고분하게 순응해온 사람들인가 하면 절대 그렇지 않습니다. 또한 창조적 글쓰기는 몇 가지 형태로 단정지을 수 없습니다. 세상 사람의 수만큼이나 다채롭지요. 헤세의 글이 다르고, 버지니아 울프의 글이 다르며, 헤밍웨이의 글이 다릅니다. 세종대왕의 글이, 헬렌 켈러의 글이 또한 다릅니다. 스티브 잡스의 글이, 오프라 윈프리의 글이 다릅니다. 이 모두를 기존의 유형화된 글쓰기 방법으로 분류해본다고 할 때 서로 성격이 전혀 다른 것만 나열해도 수천 종류가 넘을 것입니다.

그런데 그저 학교 시험, 대학입시(사실 이러한 시험들은 18세기 과거제도와 다를 바가 없지요)에서나 필요한 글쓰기 능력만을 키우려고 한다면, 내 아이의 진짜 소중한 재능은 영영 빛을 발하지 못할 것입니다. 하나의 잣대로 평가해 등수를 매기는 일에 몰두한 나머지 각각의 아이들에게 존재하는 서로 다른 능력과 개성, 잠재력을 파괴하는 시험에만 기준을 맞춘 글쓰기 훈련법은 결국 아이의 글쓰기 활동 전반에 해를 주는 결과를 낳게 될 것입니다.

이 책을 읽고 있는 독자들 중에는 이미 몇 권의 글쓰기 양육서를 접한 경우도 있을 것입니다. 그러한 책들 중 상당수는 안타깝게도 무시무시한 우리의 입시 제도를 염두에 두고, 그 어두운 그림자 아래서 만들어진 경우가 적지 않습니다. 이는 비난하려는 말이 아니라 그만큼 그 책들의 세계관이 좁다는 것입니다. 또한 글쓰기에 관한 재미나 정서보다는 숙달과 학습, 체계 만들기가 우선인 책이 훨씬 더 많습니다. 그러한 책들은 시냅스 글쓰기의 가이드라인이나 로드맵과는 근본부터 다르며 잘못된 글쓰기 훈련은 오히려 아이에게 독이 될 수 있습니다. 얼마 지나지 않아 아이가 글쓰기를 멀리하고 꼴도 보기 싫어지게 만들기 십상입니다. 물론 하기 싫어도 배워야 하는 글쓰기가 있기는 합니다. 다만 기존 글쓰기 양육서들에 존재하는 커다란 공백을 채우기 위해서는 제가 이 책에서 소개하고자 하는 '시냅스 글쓰기'가 꼭 필요합니다.

시냅스 글쓰기란 글쓰기 습관, 글쓰기 욕구를 뇌의 시냅스 즉 두뇌의 정보처리 회로에 새기고 그 밀도를 더욱 촘촘하게 만드는 활동입니다. 이후 자세히 설명하겠지만 시냅스 글쓰기의 원리는 무척 단순합니다. 바로 《시냅스 독서법》에서도 강조했던 내면의 진정한 '기쁨'입니다. 이는 아이들의 성장에 관한 진실에 기초해 있습니다. 시냅스의 밀도가 촘촘해지려면 가장 먼저 필요한 것이 반복 활동입니다. 다시 말해 매일 반복해서 수시로 글을 쓰는 것이 가장 좋은 방법이며 글쓰기를 반복하는 것 외에 글쓰기 시냅스를 촘촘하게 만들 방법은 없다는 것이지요. 이는 체계적인 독서를 통해서도 쉽게 얻어지지 않는 능력입니다. 그저 쓰고 또 쓰면서 글쓰기 자체에서 기쁨과 즐거움을 느낄 때 서서히 글쓰기 시냅스가 만들어지는 것이니까요.

반복적인 행위를 지속할 수 있는 힘은 바로 기쁨에서 나옵니다. 아이가 글을 쓸 때에는 신이 나고 재미가 있어야 합니다. 시냅스 독서에서 책 애착, 독서기쁨, 독서애호감이 중요하듯이, 시냅스 글쓰기에서도 아이 마음에 한글 애착 → 글쓰기 애착 → 글쓰기기쁨 → 글쓰기애호감이 순차적으로 자라나야 합니다. 그래서 아이들에게 진짜 필요한 것은 글쓰기 훈련이 아니라 글쓰기 놀이입니다.

앞서 출간한 《시냅스 독서법》이 많은 독자들의 사랑을 받으면서 시냅스 글쓰기에 관한 책을 써달라는 요청을 참 많이 받았습니다. 아이의 글쓰기를 어떻게 도와야 하는지 궁금하다고, 그 내용이 전작에는 충분히 담기지 않아 아쉽다고 하는 말씀도 많이 들었습니다. 그렇게 탄생하게 된 이 책에는 제가 지난 20여 년간 아이들의 글쓰기에 관해 연구하고 깨달은 점들이 고스란히 담겨 있습니다. 아이의 뇌에 글쓰기 시냅스를 심는 방법을 하나씩 알아나가고, 부모님들이 아이들에게 글쓰기 지도를 할 때 가장 중심에 두어야 할 것, 글쓰기의 진정한 즐거움을 누릴 수 있는 방법들, 그리고 도리어 아이의 글쓰기 능력 향상에 방해가 되는 방법들에 대해서도 실었습니다. 시냅스 글쓰기의 시작은 아이가 한글을 깨치기 시작할 즈음의 나이부터입니다. 그리고 글쓰기의 기초를 다지고 학습을 시작하는 초등학생 전반에 걸쳐 수행해나가면 좋습니다. 이 시기 아이들에게 진정한 즐거움을 선사하는 시냅스 글쓰기를 통해 아이 내면의 창조성을 마음껏 키워주는, 진정한 글쓰기의 비결을 찾아나갈 수 있기를 바랍니다.

박민근

목차

들어가며

진짜 필요한 것은 글쓰기 훈련이 아니라 글쓰기 놀이입니다   4

1장 왜 시냅스 글쓰기인가?

시냅스 글쓰기가 필요한 이유   15

수렴적 글쓰기 vs. 확산적 글쓰기   19

아이의 표현 본능이 곧 글쓰기의 원천   30

한글을 배우기 시작할 때 필요한 2가지   39

재미있게 읽은 책으로 시작하는 글쓰기   46

글쓰기기쁨에서 출발하는 글쓰기애호감   53

2장 시냅스 글쓰기 1단계: 낙관성 키우기

낙관적인 아이가 글쓰기도 잘한다   59

성취도와 성공 경험을 키우는 감사편지   67

삶을 소중히 생각하게 만드는 축복일기   75

꿈을 꾸는 아이를 위한 100가지 희망 적기   79

만족으로 다가서는 마음, 하향 비교   87

스스로 칭찬할 줄 아는 아이, 자기 격려 기술   95

소중한 순간을 글로 남기는 성장일기   102

이 순간을 알아차리는 마음챙김 글쓰기   106

긍정적인 단어로 문장 만들기   120

3장 시냅스 글쓰기 2단계: 상처 입은 마음 치유하기

치유는 언제나 현재진행형   125

힘들었던 일에서 느낀 점 찾아보기   139

힘들고 고민되는 일에 대해 다시 생각해보기   145

부정적인 경험을 통해 바뀐 생각 적어보기   151

닮고 싶은 인물의 삶을 따라가는 모델링 글쓰기   155

마음을 도닥이는 글귀 따라 적기   161

치유서 읽고 느낀 점 적기   165

마음을 어루만지는 비밀 일기 쓰기   174

4장 시냅스 글쓰기 3단계: 독후감 쓰기

아이의 마음에 드는 책 고르기   183

책 읽고 생각나는 대로 정리하기   193

공감능력과 정서지능을 키워주는 감정 카드   202

주인공이 느낀 감정을 따라가는 감정 지도   206

예쁘고 멋진 글 따라 적기   213

책이 끝난 후 어떤 이야기가 이어질까 상상하기   219

주인공이 되었다고 상상해서 써보기   223

재미있었던 장면 이야기하고 문장으로 옮기기   227

5장 시냅스 글쓰기 4단계: 창의력 키우기

오늘 궁금했던 '이것'에 대해 써보는 아이디어 노트 230

이런 생각을 한 사람은 이 세상에 나 하나뿐이야! 235

미술 작품 감상하고 느낀 점 적기 240

좋아하는 노래를 듣고 느낀 점 쓰기 244

말한 것을 녹음한 후 들으며 적어보기 248

노래나 연주곡에 나만의 가사 넣기 251

생생한 경험을 통한 체험글 쓰기 255

생각나는 대로 적고 아이디어 완성하기 261

창체 수업을 따분하게 만들지 않는 기술 267

6장 시냅스 글쓰기 5단계: 부모와 소통하기

마음속 깊은 마음을 전하는 사랑의 글쓰기 273

엄마 아빠와 짧은 편지 주고받기 276

서로의 장점 적어주기 280

이어서 이야기 만들기 284

함께 같은 책 읽은 후 느낌 말하고 적어보기 288

7장 시냅스 글쓰기 6단계: 메타인지력과 자기주도학습력 높이기

쓰다 보면 공부가 절로 되는 글쓰기 296

초등학교 취학 전부터 시작하는 즐거운 받아쓰기 299

어휘력 성장에 효과적인 유쾌한 끝말잇기 303

초등 저학년이 꼭 알아야 할 코넬 노트 필기법 306

장기기억을 돕는 학습점검표 310

효과가 검증된 메타인지 글쓰기 1: 자체시험 321

효과가 검증된 메타인지 글쓰기 2: 집중력 평가지 328

효과가 검증된 메타인지 글쓰기 3: 오답 노트 336

적재적소에 사용해 공부 효율을 높이는 암기법 놀이 342

학습동기를 강화하는 공부에 관한 명언 따라 적기 345

나가며

모든 아이가 글쓰기를 즐길 수 있기를 바라며 351

부록

이 책의 참고문헌 및 함께 읽으면 좋은 책 356

1장

왜 시냅스 글쓰기인가?

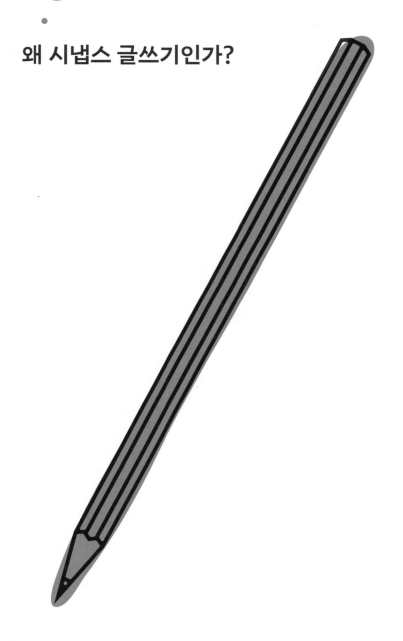

시냅스 글쓰기가
필요한 이유

독서는 무척 좋아하지만 글쓰기는 힘들다고 토로하는 어른들을 많이 만나게 됩니다. 읽을 줄은 아는데, 심지어 아주 잘 읽는데 쓸 줄을 모르니 참으로 안타까운 노릇입니다. 실은 이 모두가 주입식 경쟁 교육 때문에 벌어진 일입니다. 오랫동안 창조성을 죽이는 교육만 받은 기성세대 대부분은 타고난 글쓰기 능력, 글쓰기 본능을 차츰 잃었던 슬프고도 안타까운 경험을 가지고 있습니다. 이는 무엇보다도 부모 자신에게 무척 아픈 경험이었을 것입니다. 시인이 될 사람이 시인이 되지 못하고, 작가가 될 사람이 작가가 되지 못했을 테니까요. 뿐만이 아닙니다. 글쓰기 재능을 통해 확장되고 얻을 수 있었을 수많은 기회들을 자신도 모르는 사이에 놓쳤을 것입니다.

문제는 여기서 멈추지 않습니다. 부모 자신이 제대로 된 글쓰기 방식을 잘 알지 못하다 보니 이것이 아이에게 잘못된 강요로 대물림되는 경우도 있습니다. 부모들이 가장 많이 저지르는 실수는 이제 막 한글을 배운 아이에게 입시 문제의 축소판 같은 글쓰기를 강요하는 일입니다. 가령 요즘 유행하는 초록(중요 부분 요약) 쓰기를 어린 아이에게 강요하는 것은 매우 부적절합니다. 아이들의 뇌는 수렴적 사고보다는 확산적 사고를 훨씬 선호하기 때문입니다(이에 대해서는 뒤에서 더 자세히 설명하겠습니다).

글을 쓰고 있는 아이의 표정부터 살펴라

이 책 전반에 걸쳐 강조하겠지만 글쓰기 시냅스(두뇌신경세포 중 신경전달물질을 주고받는 부분)를 성장시키기 위해서는 무엇보다도 글을 쓰는 아이의 기분이 즐겁고 행복할 수 있도록 도와야 합니다. 아이의 두뇌에서는 3세가 지나면 시냅스 연결과 가지치기(필요 없는 시냅스 연결을 제거하는 것)가 동시에 이루어집니다. 즉 2세 무렵까지 폭발적으로 늘어나고 서로 마구 연결되던 시냅스가 이제는 서서히 가지치기 작업에 돌입하는 것입니다. 다시 말해 시냅스의 밀도는 단지 촘촘해지기만 하는 것이 아니라 조금씩 지워지기도 합니다. 그래서 자주 하지 않는 활동과 관련된 시냅스는 점차 그 연결이 끊어지고 어느 순간 희미해집니다. 아이가 어느 순간 글쓰기를 더 이상 즐기지 않는다면, 그때까지 힘들게 만들어둔 글쓰기 시냅스의 연결이 서로 끊어지고 사라진다는 말입니다. 반대로 스마트폰 게임만 계속한다면 게임과 관련된 시냅스와 그것을 통해 얻는 쾌락 기제가 점점 강화되겠지요.

사실 이것은 아이의 두뇌 성장의 원리입니다. 글쓰기를 비롯한 그 어떤 일도 마찬가지입니다. 계속하는 일은 더 잘하게 되지만, 싫증이 나서 관둔 일은 점차 그 능력을 잃게 됩니다. 심지어 전문 작가라고 해도 몇 개월, 몇 년간 글쓰기와 독서를 중단하면 자신도 모르게 글쓰기 시냅스의 연결이 끊어져 다시 글을 쓰는 데 상당한 어려움을 겪게 됩니다. 이는 피아니스트도, 화가도 마찬가집니다.

물론 부모님이 강제로 어린 자녀의 손에 연필을 쥐여주며 글쓰기를 강요할 수 있습니다. 우리 주변에 이런 글쓰기가 만연한 것도 사실입니다. 하지만 이러한 방식은 효과가 거의 없습니다. 아이들이 어떤 일을 자발적으로 반복하는 이유는 언제나 그 일에서 즐겁고 긍정적인 정서를 느끼기 때문입니다.

글쓰기를 강요당해 부모 앞에서 쓰는 시늉만 하는 아이

그리고 진심으로 글쓰기를 즐기지 못하는 아이는 앞으로 어떤 일을 겪게 될까요? 글쓰기를 싫어하고, 외면하고, 스스로 글쓰기에 재능이 없다고 단정하기도 할 것입니다. 결국 빈대 잡으려다 초가삼간 다 태운다는 말이 꼭 들어맞습니다. 부모는 이 상황을 착각해서도, 모른 체해서도 안 됩니다. 아직 문제를 개선할 여지가 있을 때 저 밑바탕, 근본부터 다시 시작해야 합니다. 시작은 간단합니다. 아이의 표정을 살피는 것입니다. 지금 글쓰기를 온전히 즐기고 있는지, 부모의 강요로 마지못해 감내하고 있는 것은 아닌지부터 세심하게 살펴보아야 합니다. 아이가 글을 쓰며 싫증난 표정, 주눅 든 표정, 두려운 표정이라면, 아이는 지금 잘못된 글쓰기를 하고 있는 것입니다. 아이를 들뜨게 하고 기분 좋게 해줄 근사한 글쓰기 도안design을 찾고 또 써보게 해주어야 합니다.

수렴적 글쓰기 vs. 확산적 글쓰기

대학수학능력시험(이하 수능)을 창안하는 데 큰 역할을 했던 교육학자 박도순 교수는 수능을 폐지해야 한다고 말합니다.* 상당히 극단적인 주장입니다. 하지만 박도순 교수의 주장에 귀를 기울여볼 필요가 있습니다. 그는 왜 그런 말까지 하게 된 것일까요? 바로 수능이 본래 취지에서 벗어나 기형적인 형태로 변질되었기 때문입니다. 애초에 학생이 대학에서 공부할 수 있는 능력을 정성적定性的으로 평가하자는 것이 수능의 취지였는데 이제는 단지 무한 경쟁의 근본 원인, 필요악으로 전락해버리고 만 것이죠.

* http://www.hani.co.kr/arti/society/schooling/975493.html

미국의 미래학자 앨빈 토플러가 오래전 한국 교육에 대해 지적한 바는 잘 알려져 있습니다. 그는 "한국의 학생들은 하루 15시간 동안 학교와 학원에서 미래에 필요하지도 않은 지식과 존재하지도 않을 직업을 위해 시간을 낭비하고 있다"고 했습니다. 토플러가 단순히 한국 실정을 잘 몰라서 이런 말을 한 것은 아닙니다. 세상은 시시각각 변하고 있습니다. 인공지능이 인간 지성을 위협하는 미래는 지금과 많이 다른 모습일 것입니다. 아니, 이미 그런 미래가 당도하고 있습니다. 그러니 우리 아이들이 미래 사회에 걸맞은 능력을 키우기 위해서는 부모님이 용단을 내려야 할 필요가 있습니다. 경기장의 1번 트랙에서 기꺼이 벗어나 새롭게 펼쳐지기 시작한 2번 트랙으로 올라타야 하는 것입니다. 부모님이 먼저 변혁가, 게임체인저가 되어야 아이들의 삶도 바뀔 수 있습니다.

　　심리학 석학 로버트 스턴버그는 이미 수십 년 전, 창의성과 실용지능이 장차 미래를 지배하는 성공지능이 될 것이라고 예언했습니다. 창조적이며 실생활에 잘 접목할 수 있는 지성을 가진 인재가 성공하는 시대가 도래한다는 것입니다. 하지만 현재 한국의 교육은 답보 상태입니다. 21세기가 되었음에도 교육은 20세기에 머물러 있습니다. 시험에 필요한 능력을 키우는 것에 함몰되어 아이들의 소중한 능력을 퇴화시키거나 방치하는 모순에서 벗어나지 못하고 있었습니다. 이는 아이들의 통합적인 지성 계발 측면에서도 참으로 부당합니다. 비유하자면 아이의 한 팔은 밧줄로 꽁꽁 묶어두고 다른 한 팔만 계속 쓰게 하는, 부조화와 불균형이 심각한 상황이라고 할 수 있습니다.

수렴적 사고와 확산적 사고 사이의 균형

이로 인해 단적으로 드러나는 문제가 있습니다. 창조적 사고는 수렴적 사고와 확산적 사고로 나뉩니다. 수렴적 사고란 수능에 필요한 지능을 떠올리면 됩니다. 주어진 자료를 면밀하게 분석·추리해 정답을 찾고, 열 줄의 글을 한 줄로 요약하는 식의 사고입니다. 이 사고는 매우 중요하지만 결코 지성의 전부는 아닙니다. 한편 수렴적 사고의 반대는 확산적 사고입니다. 예를 들어 확산적 사고를 바탕으로 '사과'에 관한 시를 쓴다고 할 때 '사과 → 달고 시큼한 맛 → 엄마의 사랑 → 붉은 얼굴 → 가을 → 뉴턴의 만유인력'과 같이 다양한 시상과 생각 그리고 감정이 꼬리에 꼬리를 물고 이어집니다. 하나의 생각에서 다른 생각들이 마치 물속에서 물감이 풀리듯이 확산되어 나가는 것이지요. 이를 이해하기 위해 드라마의 이야기 전개를 떠올려도 좋겠습니다. 혹은 스티브 잡스가 아이폰을 구상했던 과정을 떠올려볼 수도 있겠네요. '컴퓨터가 휴대전화와 결합하면 어떻게 될까?', '작은 터치스크린으로 컴퓨터 활용이 가능한 전화기라면 어떨까?' 등과 같은 생각이 꼬리에 꼬리를 물고 이어지면서 새로운 아이디어로 번져나가는 것이 바로 확산적 사고입니다.

이는 수렴적 사고가 확산적 사고에 비해 열등하다는 의미는 아닙니다. 연구에 따르면 창의성과 창의적 사고는 확산적 사고와 수렴적 사고가 서로 어우러질 때 가능한 일입니다. 한마디로 정리하면 수렴적 사고만큼이나 확산적 사고도 잘할 수 있어야 한다는 뜻입니다. 그러니 확산적 사고와 수렴적 사고를 모두 잘할 수 있도록 균형 잡힌 사고능력을 길러주는 것이 좋습니다.

이때 이 2가지 능력 모두를 효과적으로 키워주는 도구로 글쓰기를 활용할 수 있습니다. 하지만 입시 경쟁이 사회 전반을 지배한 까닭에 글쓰기마저도 한쪽으로 편중되어 있습니다. 예를 들어, 아이들은 흔히 교과서나 참고서, 논술 수업에서 '글을 잘 읽고 주제를 찾아 적어보세요'와 같은 글쓰기 과제(도안)를 받게 됩니다. 확산적 글쓰기보다 수렴적 글쓰기를 강조하고 주로 가르치는 것입니다. 한편 소설 쓰기, 시 쓰기,

시나리오 쓰기에 필요한 확산적 사고는 제대로 키워주지 못하고 있습니다. 이때는 한 줄에서 열 줄을 떠올리는 것이 확산적 사고가 필요합니다. 확산적 사고를 하는 아이는 '엄마는 우리 은서가 이 세상에서 가장 소중하단다'와 같은 한 문장을 보고도 수백 가지의 다른 느낌, 다른 생각, 다른 상상을 그려 낼 수 있습니다.

확산적 사고는 창의성과 연결된 중요한 연결 고리입니다. 아인슈타인의, 세종대왕의 사고라고 부를 수 있습니다. 그런데 수능에 도움이 되는 수렴적 사고, 수렴적 글쓰기만 강요하다 보면 어느새 아이의 글쓰기 역시 불균형 상태에 빠지고 맙니다. 한쪽으로 치우친 글쓰기 탓에 상상력과 창조성이 갈수록 위축되는 것입니다.

더 큰 문제가 있습니다. 수렴적 글쓰기는 재미가 없다는 사실입니다. 또한 수렴적 글쓰기 활동은 글쓰기 자체가 가진, 생각과 감정을 자유롭게 표현하는 재미를 제대로 느끼지 못하게 하는 글쓰기입니다. 사실 수렴적 글쓰기는 10세가 넘어서 글쓰기 애호감이 충분히 자라고, 글쓰기 능력도 충분히 자리 잡았을 때 본격적으로 숙달해도 문제가 되지 않습니다. 평범한 7세 아이에게 미적분을 억지로 가르치는 일이 효과가 없는 것처럼 말이죠. 15세까지는 확산적 글쓰기를 충분히 즐

확산적 사고

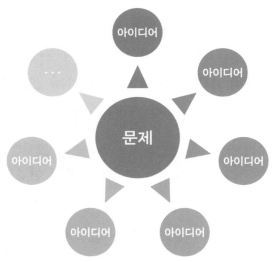

수렴적 사고

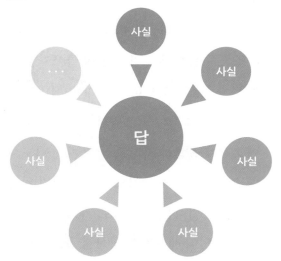

기다가 고등학생이 되어 수렴적 글쓰기를 배워도 얼마든지 잘 해낼 수 있습니다. 그러니 이런 순리를 따르지 않고 그저 아이를 재미도 없는 과제를 해내도록 겁박하고, 타고난 글쓰기 재능이 발현되는 것조차 방해하는 현재의 입시 경쟁과 사회 분위기는 반드시 경계하고, 또 경계해야 할 필요가 있습니다.

수능에 대비하기 위한 글쓰기에만 매달리면 결국 아이가 스스로 글로 생각과 감정을 정리하는 통찰의 글쓰기에서 점점 멀어질 수밖에 없습니다. 저는 오랜 기간 아이들의 논술을 가르쳤습니다. 뛰어난 독해 능력을 가진 아이들도 논술을 어려워하는 경우를 많이 접했습니다. 많은 사람들이 아이가 논술 쓰기에 숙달되지 않았기 때문이라고 착각하지만 실상은 결코 그렇지 않습니다. 대부분 대상을 통합적으로 이해하고 비판하는 능력이 결여되어 있기 때문입니다. 그리고 아이가 이렇게 된 데에는 쓰기가 아닌 읽기 중심의 교육을 한 것이 가장 큰 이유입니다. 문제풀이에 급급한 교육만 진행된 까닭에 아이들이 자신의 생각을 길게 써보는 경험을 하지 못한 것입니다. 그리고 대상을 통찰하는 사고력도 부족한 경우가 많습니다. 어떤 주제나 대상을 두고서 입체적으로, 다면적으로, 통합적으로 이해하고 설명하는 힘을 기르지 못한 아이들이 너무도 많습니다.

항상 주어진 글 속에서 주제, 소재, 등장인물 혹은 줄거리를 찾는 일에 급급했던 아이들에게 주어진 글을 통합적으로 이해하고 자신만의 개성적인 의견을 표현하는 글쓰기를 해보라고 하면 너무 낯설어 합니다. 하지만 계속 해봐야 합니다. 가령 "오늘은 '우정'에 관해 글을 써보자"라고 하고서 스스로 자료를 찾고 자기 생각을 정리해보는 것입니다. 처음에는 좀 막막하더라도 다양한 글감과 주제로 자유롭게 계속 써나가다 보면 스스로 생각하는 방법을 배우게 되고, 잘 모르는 것이 생겼을 때 스스로 알아내는 방법도 배우게 됩니다. 그리고 그 과정에서 자연스럽게 통찰력이 키워집니다. 이러한 통찰의 과정을 놓치지 않고, 오롯이 글로 표현하는 것이 가장 훌륭한 교육이자 바람직한 글쓰기입니다.

창의성의 2가지 동력원, 글쓰기와 마음챙김

흔히들 무슨 일에 '정신이 팔렸다'는 표현을 합니다. 심리학에서는 이를 '마음놓침mindless, absent mind'이라고 말합니다. 석학 엘렌 랭어는 급박하게 살아가는 현대인 대다수가 일상에서 마음놓침의 의식 상태로 살아가고 있으며, 이 마음놓침 때문에 인생에서, 자기 성장에서 많은 것들을 놓치고 만다고 비판합니다. 그리고 그 대안으로 마음챙김mindful, focused mind을 제안합니다. 그런데 이 마음챙김의 단계에 가장 쉽게 이를 수 있는 방법 중 하나가 자유로운 글쓰기입니다.

글쓰기와 마음챙김은 창의성에 있어 2가지 중요한 동력원입니다. 미국의 심리학자이자 창의성 연구자인 스콧 배리 카우프만은 창의적인 마음을 이끌어내는 10가지 원리로 상상놀이, 열정, 공상, 고독, 직관, 경험에 대한 개방성, 마음챙김, 민감성, 역경을 기회로 바꾸기, 다르게 생각하기를 꼽습니다. 이 10가지 항목은 아이들의 창의성 교육에 있어 꼭 알아두어야 할 항목들입니다. 이 책의 2장에서부터 소개할 글쓰기 방법들은 이 10가지 항목을 골고루 기를 수 있도록 만들었습니다.

그런데 마음챙김은 흔히 오해하는 것처럼 종교적인 것이 아닙니다. 많은 학자들이 마음챙김을 현대적으로 체계화하였고 이 과정에서 종교적 요소는 대부분 제거되었습니다. 마음챙김은 자신의 종교에 상관없이 연습할 수 있는, 일종의 훈련과도 같습니다. 마음챙김을 통해 창의성을 키운 대표적인 인물이 바로 스티브 잡스입니다. 그는 여러 가지 내적 문제로 힘들 때 마음챙김을 자신의 해결책으로 활용했습니다. 그는 명상을 통해 자신의 내면을 들여다보면서 불안을 지울 수 있었다고 말했습니다.

마음챙김은 자신과 세계, 현상을 깨어 있는 마음으로 순간순간 알아차리는 힘을 말합니다. 팀 페리스는 혁신적인 자기계발서인 《타이탄의 도구들》에서 타이탄(세계 최고의 리더)의 80퍼센트가 마음챙김 명상을 하는데, 이를 통해 날마다 일은 30~50퍼센트 더 하면서도 스트레스는 절반으로 줄일 수 있다고 말합니다. 마음챙김이 개인의 능력을 극대화하는 혁신적인 도구라는 의미입니다. 특히 '빨리빨리' 중독에 빠진 한국인에게 지금 가장 필요한 것이 바로 이 마음챙김입니다. 최근 관련 서적들이 많이 번역되면서 아이와 부모님이 함께 마음챙김을 즐길 수 있는 방법들을 쉽게 배울 수 있습니다.

시냅스 글쓰기는 창의성과 통찰 능력의 핵심인 알아차림 능력을 키우는 것에 주안점을 맞추어 만들어졌습니다. 창조적 사고를 하기 위해서는 수렴적 사고도 필요하지만 확산적 사고의 비중 역시 적지 않게 필요합니다. 그리고 자신과 세상을 제대로 이해하는 통찰의 힘도 중요합니다. 그러니 아이에게 창조성을 길러주고 싶다면, 확산적 사고에 익숙하고 능숙해질 수 있도록 해주어야 합니다. 또 방금 설명한 마음챙김의 능력도 일찌감치 길러주어야 합니다. 입시 공부에 짜 맞춰진 지금의 현실에서는 어른들이 아이들의 확산적 사고를 막거나 질책하기에 바쁩니다. 창의적인 아이들이 주변에서 흔히 듣게 되는 말이 바로 "너는 왜 그리 집중하지 못하고 산만하니?"와 같은 말입니다. 사실 산만해 보이는 모습은 의식, 무의식의 흐름에 따라 새로운 생각들이 꼬리에 꼬리를 물고 이어지는, 대단히 생산적인 사고 과정일 가능성이 높습니다(이에 관해 궁금하다면 엘렌 랭어의 《마음챙김 학습혁명》을 통해 편견을 완전히 깨는 설명을 만날 수 있습니다).

시냅스 글쓰기는 확산적 사고나 수렴적 사고 어느 하나만을 중점적으로 키우는 것을 목표로 삼지 않습니다. 그보다는 창조적이고 통찰력이 있는 사고가 가능하게 글쓰기의 기초를 세우는 것에 초점을 맞추었습니다. 또 순간순간 자신의 생각을 알아차리는 능력, 유연한 사고력과 통찰력을 기르기 위해 창안된 글쓰기 방법입니다.

아이의 표현 본능이 곧
글쓰기의 원천

즐거운 일이 있을 때 덩실덩실 춤을 추는 아이들을 바라보는 것만큼 즐거운 일이 또 있을까요? 우리 아이들에게는 놀라운 표현 본능이 있습니다. 수줍어서 자신의 내면을 잘 드러내지 못하는 어른들과는 달리 아이들은 자기표현이 무척 뛰어납니다. 사실 인간에게는 그 누구나 '미메시스mimesis 충동'이 있습니다. 플라톤의 정의에 따르면 미메시스는 자연의 재현으로, 존재하는 것을 그와 비슷한 것으로 다시 표현하는 것을 말합니다. 미메시스 충동은 원숭이와 같은 고등동물조차 가지고 있는 매우 기본적인 욕구이자 능력입니다. 그리고 이 힘은 글쓰기 시냅스를 창조하고 이끌어나가는 원동력입니다. 아기를 한번 유심히 관찰해보세요. 아기를 보고 웃어주면, 아기도 따라 웃습니다. 아기 앞에서 누군가 춤을 추면, 아기도 따라 춤을 춥니다. 몸으로, 말로, 노래로 다양한 방식으로 자신을 표현합니다.

아이의 표현 본능을 살려주는 첫 번째 방법은 바로 영유아 시절부터 마음껏 그리게 해주는 것입니다. 글쓰기와 관련된 표현 본능의 시발점은 그리기입니다. 처음부터 글을 쓸 수 있는 아기는 없으니까요. 처음에 아이의 글쓰기는 낙서에 가깝습니다. 한글을 습득하기 전에도 아이에게 대단히 강한 그리기 본능이 있다는 것을 모를 부모는 없을 것입니다. 그 본능이 너무나 강해서 놀랄 때도 많을 것입니다. 물감이나 크레용을 쥐여주면 2~3세 유아도 신나게 그림을 그려댑니다. 이 강한 충동, 에너지를 글쓰기로 이어주어야 합니다. 다시 말해 아이들의 표현 본능을 극대화하는 것이 최선의 교육이자 양육입니다. 가령 프랑스의 유치원 대부분에서는 아침마다 도화지에 마음대로 색칠놀이를 하는 시간을 1시간 이상 줍니다. 지저분한 걸 치워야 한다고 생각하면 쉽게 엄두가 나지 않는 활동이겠지요.

이 그리기 본능은 대단히, 대단히 소중합니다. 이 그리기 본능이 어느 순간 글쓰기 본능이자 욕구로 변하기 때문입니다. 이 그리기 본능을 어떻게 글쓰기 욕구로 이어지게 할 수 있을까요? 이는 부모의 통찰과 이해, 노력이 매우 중요한 부분입니다. 저는 아이들을 키울 때, 아이들이 벽에 낙서하는 것을 허용했습니다. 주변 사람들은 저의 이런 양육법을 수없이 탓했지요. 그러나 저는 낙서가 그림 그리기나 글쓰기로 이어진다는 사실을 여러 책과 논문을 통해 배워 잘 알고 있었습니다. 그리고 거실, 안방 여기저기에 언제든 그림을 그릴 수 있게 미술도구들을 마련해두었고, 제가 그 도구를 직접 사용해 그림 그리는 모습도 자주 보여주었습니다. 집 여기저기에 스케치북을 펼쳐두고, 보드 마카와 함께 보드도 몇 개씩 벽에 걸어두었습니다. 더 편하게 그릴 수 있도록 멍석을 깔아주었던 것이지요.

이는 꼭 공간지능 혹은 그림 그리기 재능이 발달한 아이들에게만 해당하는 일이 아닙니다. 모든 아이들에게 필요한 유년기의 기본 활동입니다. 논에 물꼬를 막아두면 땅이 굳어 나중에는 물길조차 만들기 힘들어집니다. 아이의 글쓰기 시냅스가 차단당해 메말라버릴 수 있습니다. 그러니 초기 양육환경을 잘 설계해두는 것만큼 효과적인 방법은 없습니다. 즉, 아이가 언제든 자신의 생각과 느낌을 그림이나 글, 낙서로 표현할 수 있게 집 안 이곳저곳을 최적화해놓는 것이 대단히 중요합니다. 물론 애초에 개방성이 높고, 예술적 기질이나 공간지능, 신체운동지능을 타고난 아이들이 이런 활동을 좀 더 좋아하고 잘할 것입니다. 그런데 이런 활동 자체를 근본적으로 마다하거나 싫어할 아이는 거의 없습니다. 그러니 집을 그리기·쓰기 친화적으로 만들어 아이들의 그리기 욕구, 글쓰기 욕구를 효과적으로 자극하는 가장 기본적인 준비 작업을 해두면 좋습니다.

이런 제안이 정리정돈과 청결을 중시하는 부모에게는 꺼림칙한 것일 수 있습니다. 하지만 나중에 아이가 본격적으로 스케치북에, 연습장에, 노트에 글과 그림을 쓰고 그리기 시작하면, 다시 원래대로 모든 것을 되돌릴 수 있으므로, 몇 해만이라도 큰 인내심을 발휘해보기를 권합니다. 원시 인류가 동굴 벽화를 여기저기 그릴 수 있었던 것처럼 내 아이에게 자유로운 표현의 권한을 내어주는 일은 아이의 양육에서 더할 나위 없이 중요하기 때문입니다.

벽지 낙서를 허락하기가 정 어렵다면 큰 전지를 사서 벽에다 덕지덕지 붙여주는 것도 방법입니다. 제가 상담실에서 자주 권해드리는 방법이자 저 역시 실천해본 방법입니다. 제 딸 예나는 3세 무렵 벽에 자신이 낙서한 그림과 글을 지켜보면서 또 그 위에 뭔가 자신이 생각한 것을 덧칠하고는 무척 행복해했습니다. 그 모습을 지켜보는 것 또한 제게는 무척 경이로운 경험이었지요. 그러니 생각을 조금만 바꾸면 아이의 낙서는 나무랄 일이 아니라, 오히려 더없이 행복하고 소중한 경험입니다. 아이가 커가면서 하지 말라고 타이르고 주의를 주어야 할 일은 이외에도 너무 많을 것이므로, 유아 시절 아이의 그리기 욕구만이라도 최대한 발산할 수 있게 해주면 좋겠습니다. 이것은 또한 공간지능과 언어지능, 신체운동지능을 비롯한 전면적인 뇌 발달을 돕는 최고의 방법이기도 합니다. 부모님이 앞장서서 도와주어야 할 일인 것입니다. 이유는 더 있습니다. 아이들은 자신의 그리기 욕구를 마음껏 분출하는 과정에서 심리적 안정 또한 얻게 됩니다. 다양한 미술 활동을 통해 심적 상처를 회복하고 자존감을 증진하는 미술치료와도 같은 효과를 누릴 수 있습니다.

"안 돼"라고 말하는 대신 활용하는 책 읽기

"까불지 말고 가만히 좀 있어."

아이의 표현 본능을 억누르고 비난하는 것은 부모님들이 굉장히 많이 저지르는 실수 가운데 하나입니다. 아이가 떠오르는 생각을 쉴 새 없이 말할 때가 있습니다. 그럴 때 조용히 하라, 입을 다물라는 지적이 과연 꼭 필요한 일일까요, 아니

괜찮은 일일까요? 공공장소 방문같이 꼭 훈육이 필요한 순간이 아니라면 이에 대해 한번쯤 곰곰이 생각해볼 필요가 있습니다. 많은 부모들이 교육과 훈육의 차원에서 이러한 말을 습관처럼 내뱉지만 이 말이 아이의 표현 본능을 억압하고 있다는 사실은 인지하지 못하는 경우가 많습니다.

앞서 아이의 표현 본능을 거스르지 않기 위해 마음껏 그림과 낙서를 그릴 수 있는 환경을 만들어주는 것에 관해 이야기했습니다. 그런데 이보다 중요한 또 하나의 방법이 바로 지나친 잔소리와 훈육을 줄이고 대신 책을 활용하는 것입니다. 상처 주는 말로 아이를 다그쳐서 얻을 수 있는 효과는 거의 없습니다. 아이 스스로 깨닫고 이해할 때 말과 행동 역시 바르게 변할 수 있습니다(이는 《시냅스 독서법》에서도 충분히 설명했습니다). 제가 부모님을 상담할 때 가장 강조하는 부분 가운데 하나입니다.

잔소리 대신 빼어난 명작 그림책을 활용해보기 바랍니다. 아이에게 어떤 행동과 말이 바르고 또 옳은 것인지를 알려주는 책이 많습니다. 가령 데이비드 섀넌의 《안 돼, 데이비드!》가 그런 책입니다. 데이비드는 쉴 새 없이 말썽을 피우지요. 데이비드의 장난에 엄마는 연신 "안 돼, 데이비드!"를 외치지만 데이비드는 말썽 부리기를 좀처럼 멈추지 않습니다.

하지만 그런 말썽쟁이 데이비드를 엄마는 여전히 사랑하고 안아줍니다. 아이들은 늘 말썽을 피우는 데이비드를 통해 자신의 행동을 자각합니다. 그런 자각 덕분에 아이는 성장하면서 자신의 행동을 조심합니다. 스스로 깨달은 것이기에 행동 변화 효과도 더 큽니다.

내면의 생각과 에너지를 표출하도록 가르치는 방법

결국 글쓰기에 있어 중요한 것은 아이들의 표현 에너지를 억압하지 않는 것입니다. 다만 이 표현 욕구가 승화될 수 있도록 도우면 됩니다. 《시냅스 독서법》에서도 언급했듯이 승화sublimation란 우리 안의 순화되지 않은 에너지를 가치 있고 세상에서 허용되는 방식으로 변화시켜 표출하는 것입니다. 특히 인간은 누구나 파괴적인 폭력성과 공격성을 가지고 있는데 이는 대단히 강한 에너지를 동반합니다. 이런 파괴적인 에너지가 그대로 표출된다면 타인과 세상을 해치겠지만 시나 글을 쓰는 것, 말하기, 그림, 음악, 춤 등을 통해 창조적이고 아름답게 그리고 건강하게 승화될 수 있도록 돕는다면 그것이야말로 최선의 양육이자 교육일 것입니다.

이를 '카타르시스catharsis'라는 말로도 설명해볼 수 있을 것입니다. 카타르시스는 아리스토텔레스가 《시학》에서 "비극은 어떤 행위를 모방한 것으로서 애련과 공포에 의하여 이런 정서 특유의 카타르시스를 행한다"고 한 데에서 유래한 말입니다. 평소 억눌렸던 감정을 예술 감상이나 향유를 통해서 풀어내는 것을 의미하며 우리말로는 흔히 '정화淨化'라는 단어로 번역합니다. 제 스승인 마광수 교수는 묵은 감정을 예술 체험으로 씻어 내린다는 의미에서 이를 '대리배설'이라 표현하기도 했습니다. 제가 아이들을 관찰한 바로도 카타르시스에 대한 가장 적절한 표현은 바로 대리배설입니다. 아이들은 억눌린 에너지를 부모나 사회가 허락하는 방법으로 대리배설합니다. 그리고 그 과정에서 아이의 인지능력, 표현능력, 감정 조절능력, 글쓰기능력이 쑥쑥 자랍니다. 예술체험도 하게 되지요. 아이의 마음도 한결 편해지고 뇌도 덩달아 발달하는 것입니다. 카타르시스는 이러한 감정과 에너지의 정화 과정 그리고 그 결과 얻게 되는 정신적인 '조정調整' 상태를 겸해서 뜻하기도 합니다. 카타르시스를 통해 묵은 감정을 쏟아내고, 마음이 깨끗해지고, 생각과 감정이 정돈되는 것입니다. 막힌 통로 대신 허락되는 방식으로 에너지를 뿜어내는 것이지요.

이는 조금 어려운 개념이지만, 아이의 내적 에너지를 그저 가로막고 '안 된다'고 부정하기보다는 다양한 활동, 예술 체험으로 풀어주는 것이 아이의 양육에서 매우 중요한 도구가 될 수 있음을 기억하면 됩니다. 다시 말해 아이가 독서와 그리기, 글쓰기를 통해서 좀 더 자주 카타르시스를 느끼게 해주는 것이 아이가 내적 에너지를 생산적이고 창조적으로 표현하고, 아이의 다양한 발달도 도모하는 방법입니다.

한글을 배우기 시작할 때 필요한 2가지

아이의 글쓰기를 돕는 데 있어 한글을 습득하는 과정부터 정성을 기울일 필요가 있습니다. 물론 본격적인 시냅스 글쓰기는 한글을 모두 배운 이후부터 시작하겠지만 한글을 익히는 순간이야말로 글쓰기 애착으로 가는 밑바탕을 마련해줄 수 있는 시기이기 때문입니다. 그러니 아이가 슬슬 한글을 익힐 나이가 되었다면 이 부분을 한번 잘 생각해보았으면 좋겠습니다.

아이에게 문자를 습득한다는 것이 어떠한 의미인지는 《시냅스 독서법》에서도 자세히 설명한 바 있습니다. 이 시기에 부모님에게 가장 중요한 것, 아무리 강조해도 지나치지 않는 점은 바로 부모의 조급한 마음부터 다스리는 것입니다. 한

글 배우기는 아이에게 일생일대의 체험임과 동시에 힘겨운 과정입니다. 문자를 모르는 상태에서 문자를 알게 된다는 것이 과연 어떤 의미일까요? 글자 하나하나, 음절 하나하나를 배우고 익히는 일은 결코 만만치 않은 일입니다. 그런데도 너무 많은 부모님들이 이를 간단하게 생각하고 '한글이 얼마나 배우기 쉬운데…' 같은 마음으로 성급히 달려들곤 합니다. '옆집 아이도, 앞집 아이도, 친구 아들도 금방 익혔으니 너도 얼른 한글을 배워 술술 책을 읽어야지' 하며 비교하기 일쑤입니다. 어떤 텔레비전 영재 프로그램이나 유튜브에 나오는 신동 같은 아이, 3세가 되기도 전에 책을 술술 읽었다는 남의 집 아이와 우리 아이를 비교할 생각은 접어두세요. 아니, 아예 잊는 것이 좋습니다. 또한 이제 막 한글을 익히려고 하는 아이를 앉혀두고 아이의 10년, 20년 후를 걱정하며 한글을 얼른 떼야 대입논술 문제도 풀고, 미적분도 풀 것 아니냐 하며 조급한 마음을 갖는 것도 섣부른 기우임을 자각해야 합니다.

한글 떼기는 사실 부모의 지극한 정성과는 무관합니다. 아이가 유전적으로 물려받은 것들에 의해 적지 않은 격차를 보이는, 배움의 과정인 까닭입니다. 또한 한글 떼기는 아이에게 처음 닥친 난관 혹은 처음 나선 마라톤 경주입니다. 차라리 내 아이가 발 빠른 토끼가 아닌 걸음이 조금 느린 거북이라고 생각하면서 응원해주는 편이 더 나은 결과를 가져옵니다. 그나마 우리 아이들은 영어의 알파벳이나 일본의 히라가나, 중국의 한자를 배워야 하는 것이 아니니 천만다행이 아닐 수 없습니다. 교육기관에 맡기지 않더라도 부모님이 한글 떼기를 충분히 감당할 수 있으니 말이지요. 뛰어난 한글의 체계와 학습 수월성, 세종대왕의 위대한 창조성 덕분입니다. 그러니 아이 스스로 한글을 떼는 데 도움이 되는 다음의 방법을 실천해보며 조급한 마음을 다잡아보세요.

한글 애착 높이기와 글쓰기

학습지 없이도 한글을 깨치는 아이들을 곧잘 접하게 됩니다. 그 아이의 인지능력이 남달라서, 언어지능이 상위 수준이라서 그럴 수 있었던 것은 아닙니다. 부모님이 무한한 노력을 기울여서 가능했던 것도 아닙니다. 《시냅스 독서법》에서 알려드렸던 독서교육과 더불어 부모님이 얼마간의 노력만 기울인다면 대부분의 아이들은 스스로 한글을 깨칠 수 있습니다. 한글이 너무나 체계적이고 쉬운 언어인 까닭입니다. 그러니 조급한 마음을 갖기 보다는 아이 스스로 한글을 깨칠 기회를, 얼마간의 시간을 내어주는 것이 더 중요합니다. 열심히 노력했건만 초등학교 입학 전까지 한글을 체득하지 못했다면, 그때 차선책으로 한글 교재를 써도 늦지 않습니다. 또한 스스로 한글을 깨치지 못한다고 해서 그때까지 기울인 노력이 모두 허사가 되는 것도 아닙니다. 아이가 노력한 과정과 경험은 모두 소중한 자산이 되어 아이의 마음과 뇌에 계속 남아 있을 테니 말입니다.

아름다운 글자들로 아이 마음을 조금씩 매혹시키는 것은 한글 떼기에서 무척 중요한 포인트입니다. 반드시 언어지능이나 미적 감각이 뛰어난 아이가 아니라도 그렇습니다. 한글은 아름다운 문자입니다. 잘 쓴 한글 서예 작품은 멋진 미술품 이상의 예술성을 지닙니다. 많은 세계적인 문자 연구가들이 한글은 뛰어난 형상성을 가진 문자라고 평가합니다. 처음에는 '엄마', '아빠' 같은 쉬운 글자부터 인터넷에서 멋진 모양을 찾아 컬러 프린터로 인쇄해 보여주면 좋습니다. 이것이 어렵다면 이보나 흐미엘레프스카의 《생각하는 ㄱ ㄴ ㄷ》 같은 책의 도안을 참고해보세요. 저 역시 꽤 오래전이지만, 아이들과 함께 펠트지로 한글을 도안해서 만들고, 그 한글 장난감으로 놀이를 하며 이 책을 제 두 아이의 한글 깨치기에 적극적으로 활용했습니다. 저는 한글 장난감을 단순하게 만들었지만, 여러분은 좀 더 예술적으로, 감각적으로 만들 수 있을 것

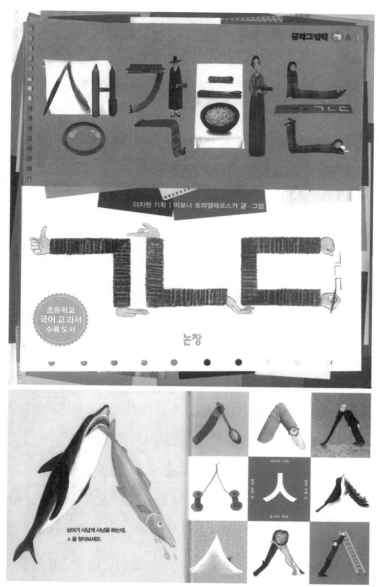

《생각하는 ㄱㄴㄷ》, 이보나 흐미엘레프스카 글·그림, 이지원 기획, 논장

입니다. 그렇게 손수 두세 벌 정도의 한글 펠트지 장난감을 만들면 아이와 함께 한글 깨치기 놀이를 하는 것이 그리 어렵지 않습니다. '엄마'라고 말하고 함께 만든 한글 장난감으로 'ㅇ ㅓ ㅁ ㅁ ㅏ'를 조립하는 과정을 반복하면 되니까요.

한글의 자음은 발음 기관을 본떠 만들었습니다. ㄱ은 혀가 구부러지는 모양을 따라 만들었지요. ㅁ은 발음할 때의 입술 모양을 따라 만들었습니다. 모음 ㆍ, ㅡ, ㅣ은 천(하늘), 지(땅), 인(사람)의 모양을 본떠 만들어졌다는 점도 알려줍니다. 세종대왕이 주변의 많은 반대를 무릅쓰고 한글 창제라는 힘든 길을 왜 선택했는지에 대한 이야기도 들려주면 좋을 것입니다. 이런 사실을 알고 나면 아이는 한글을 더 사랑하고 아끼는 즉 애착하는 마음을 갖게 됩니다. 그리고 이러한 한글 애착이 책 읽기와 글쓰기의 큰 동기가 되어줍니다.

그리고 아이가 원한다면 한글을 도화지에 그리게 해주세요. 처음에는 쓰는 것이 아니라 그립니다. 이때 종이가 조금 커야 아이가 마음대로 한글을 그릴 수 있습니다. 아이마다 다르긴 하지만, 지금 말한 활동은 부모에게는 상당한 인내를 요하는 일입니다. 아이는 꽤 오래 이 일에 골몰할 것입니다. 그리고 특정 시기에는 하루의 중심 활동이 될 때도 많을 것입니다. 요리를 직접 해먹으면 음식에 더 애착이 가는 것처럼, 한

글 자모를 직접 만들어보면서 한글에 대한 궁금증을 갖고 그 것에 대한 애착을 더 강화하는 과정입니다.

꼭 잘 만들어진 학습지만이 아이의 한글 익히기를 도울 수 있는 것이 아닙니다. 학습지로 한글을 가르치다 보면, 모두 그런 것은 아니지만, 능동적인 학습보다는 수동적이고 억압적인 학습 상황에 봉착하기 쉽습니다. "예서야, 이 글자는 뭐니?" 같은 질문에 부모님이 쉽게 집착하게 되기 때문입니다. 처음부터 모든 것을 빠르고 편하게 알려주는 것만이 더 정서적인 것은 아닙니다. 느리고 부족한 것이 있을수록 아이의 동기와 정서는 더 강해지는 법입니다. 많은 경우, 아이의 강력한 의욕은 적절한 결핍에서 나옵니다. 부족한 것이 있어야 채우고 싶어집니다. 너무 모든 것을 다 채워주려 하지 말고 아이의 호기심을 적절히 자극해보세요.

재미있게 읽은 책으로
시작하는 글쓰기

아이들의 글쓰기 교육에 있어 정말 중요한 것이 글쓰기 도안입니다. 아이가 좋아하는 글쓰기 도안을 활용할 때 훨씬 더 즐겁고 자발적인 글쓰기 활동이 가능해지기 때문입니다. 반면 아이가 싫어하는, 아이 연령이나 발달에 맞지 않은 글쓰기 도안은 아이의 글쓰기애호감을 해칩니다. 따라서 글쓰기 시냅스 형성기에는 아이가 좀 더 좋아하는 글쓰기 도안으로 활동을 이끄는 것이 우선입니다. 즐겁게 글을 쓰며 글쓰기 능력을 키우다 보면 어느새 그리 재미없는 글쓰기 도안을 해낼 능력도 따라서 생기니까요. 그래서 저는 이런 말을 자주 합니다. 취학 전에는 최대한 재미있고 즐겁게 글쓰기 놀이를 하고, 초등학교 입학 후에는 수업을 듣거나 과제를 할 때 힘들어하거나 당황하지 않을 정도의 능력만 조심스럽게 키워주면 된다고요. 그러니 아이가 쉬운 도안을 잘 해낸다고 섣불리 글쓰기 단계를 높여서는 안 됩니다. 지금 이 순간 아이가 글쓰기를 최대한 즐기는 것이 먼저입니다. 좋아하는 글쓰기 도안을 아이가 충분히 마음껏 즐길 수 있도록 하는 것이 중요합니다.

시중에 나온 초등 글쓰기 관련 책들을 살펴보면 글쓰기 도안의 레벨 보정이 제대로 안 된 경우가 대부분입니다. 글쓰기 도안은 수능 문제를 출제할 때처럼 난이도 조절에 매우 신경 써야 함에도 불구하고 너무 쉬운 것과 너무 어려운 것이 뒤죽박죽 섞여 있습니다. 글쓰기 능력은 재미있는 글쓰기 놀이를 할 때 얼마든지 기를 수 있기 때문에 초등학교 시절, 특히 초등학교 저학년 시기까지는 아이의 수준에 맞는 즐거운 글쓰기, 시냅스 글쓰기가 훨씬 더 많은 비중을 차지해야 바람직합니다.

그림책 한 장면 이용하기

5세 아이와 함께 앤서니 브라운의 명작 그림책《숲 속으로》를 읽었다고 합시다. 주인공은 무시무시한 천둥소리에 잠을 깹니다. 그런데 집에 있어야 할 아빠가 보이지 않습니다. 소년은 아픈 할머니께 케이크를 갖다드리라는 심부름을 합니다. 그리고 아빠가 오기 전에 얼른 심부름을 마치려고 무시무시한 숲속 길로 찾아갑니다. 이 그림책을 읽고서 아이에게 "이 글의 주제는 무엇이니?"라고 묻는다면 아이는 그만 당황하고 말 것입니다. 답하기 쉽지 않을 뿐더러 아이가 책을 읽으면서 향유하고 음미했던 바를 온전히 표현할 수 있는 글쓰기 도안도 아니기 때문입니다. "줄거리를 적어보세요"라는 도안은 어떨까요? 아이의 부족한 어휘력 때문에 이 역시 아이를 곤경에 빠뜨리고 말 것입니다. 사건들을 정확하게 기술하자면 장면과 사건을 나타내는 정확한 어휘들이 필요한데, 이는 어른이라도 결코 쉽지 않은 일입니다.

대신 "《숲 속으로》를 읽고 '나'의 마음이 어떻게 변했는지 적어보세요" 같은 도안이라면 아이는 훨씬 더 잘해낼 수 있을 것입니다. 일단 이 물음에 대한 아이의 반응부터 다를 것입니다. 자신의 읽기 체험을 온전히 드러낼 수 있는 글쓰기 도안이기 때문입니다. 도안을 만드는 법은 아주 간단합니다. 다음과 같이 만들면 됩니다. 책에서 예쁜 그림을 하나 가져와 덧붙이고 마음이 바뀌는 과정을 적을 수 있는 칸을 마련해줍니다. 그러면 아이가 좀 더 쉽게 흥미를 느낄 수 있을 것입니다.

어쩌면 이것은 제법 어려운 글쓰기 도안일 수도 있습니다. 그럼에도 아이들은 주제 찾기나 줄거리 요약 같은 글쓰기

48

《숲 속으로》를 읽고 '나'의 마음이 어떻게 변했는지 찾아보세요.

《숲 속으로》, 앤서니 브라운, 베틀북

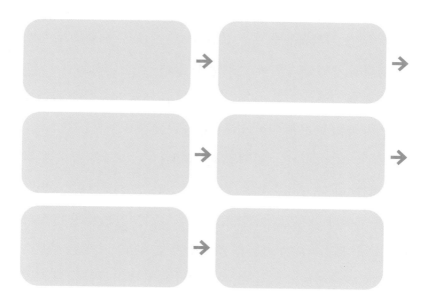

도안보다는 이러한 도안에 훨씬 더 적극적이고 의욕적으로 반응할 것입니다.

이제 한글을 막 배운 아이라면 이 활동 이후에 글쓰기에 대한 흥미가 훨씬 커진 것을 느낄 수 있을 것입니다. 모르는 단어를 알고 싶어 하는 마음도 따라서 커지겠지요.

"엄마, '무시무시하다'는 어떤 마음이야?"

"응, 우리 준수가 자주 '무서워' 하고 말하지? 그게 무서움이고 아주 큰 무서움이 무시무시한 거야."

이렇게 말해주며 '무서움'이라는 단어를 직접 써서 보여주면 됩니다. 그렇게 해서 아이가 첫 번째 칸에 '무서움'이라는 단어를 적으면 잘 해낸 것이겠지요. 이러한 글쓰기 기본 꼴을 잘 기억해두면 매우 요긴합니다. 읽는 책마다 조금씩만 변화를 주면서 무한히 병용할 수 있는 글쓰기 도안이니까요. 실제로 아이가 읽는 모든 책마다 매번 새로운 도안을 창안하기란 무척 어려운 일이기도 합니다.

다음과 같이 그림책의 한 장면을 스캔 혹은 복사한 뒤 "지금 '나'는 무엇을 하고 있나요?" 같은 말을 넣으면 이것 또한 아이와 재미있게 글쓰기 놀이를 할 수 있는 훌륭한 도안이 됩니다. 이때는 가급적 아이가 가장 재미있게 읽은 부분을 사용해서 만드는 것이 좋고, 아이가 특히 좋아하고 여러 차례

지금 '나'는 무엇을 하고 있나요?

《숲 속으로》, 앤서니 브라운, 베틀북

읽은 애착 책이 있다면 그 책 속의 다양한 장면을 활용해 만들어볼 수도 있을 것입니다.

이러한 글쓰기 도안은 어떤 책이나 사이트를 뒤져도 나오지 않는, 우리 아이에게 맞춤으로 활용할 수 있는 매우 훌륭한 도안입니다. 최근 여러 그림책 출판사들에서 독후감 쓰기 활동 도안을 제법 많이 제시하고 있는데 정작 아이 입장에서는 별로 재미있게 읽지도 않은 다른 책들에 대한 도안들만 잔뜩 만나게 되는 셈일 수도 있습니다. 그런데도 많은 부모님들은 그저 부랴부랴 그 책을 아이에게 읽히고 과제를 수행하게 하는 데에만 조바심을 냅니다. 하지만 책이나 학습지에서 만나는 그런 도안들은 숙제처럼 해야 하는 재미없는 활동이 되고 말 공산이 매우 큽니다. 대신 아이가 즐겁게 읽은 책, 애착을 느끼는 책을 활용한다면 비록 조금 서툴게 만들었더라도 얼마든지 즐겁게 글쓰기 활동을 해볼 수 있는 도안이 됩니다.

글쓰기의 중심에는 아이와 부모 그리고 함께 읽은 즐거운 책이 있어야 합니다. 그리고 이 연결고리에 맞게 맞춤으로 제작한 글쓰기 도안은 그 어떤 전문가의 도안보다 우월하고 효과적입니다. 어떤 글쓰기 도안이 우리 아이의 흥미를 좀 더 끌어당길 수 있을지 부모님이 좀 더 많은 관심과 노력을 기울여보기 바랍니다.

글쓰기기쁨에서 출발하는 글쓰기애호감

선우는 따뜻한 부모님 밑에서 부족한 것 없이 자랐습니다. 특히 부모님은 선우의 독서에 대해서만큼은 나무랄 데 없이 잘해왔습니다. 제가 제안했던 시냅스 독서법에 가깝게 선우의 독서를 잘 이끌어준 것이지요. 그런데 선우가 초등학생이 된 후 선우 부모님은 한 가지 사실을 크게 후회하게 되었습니다. 아이가 좀처럼 글쓰기에 익숙해지지 않았기 때문입니다.

선우는 학교에서 내주는 글쓰기 과제를 유독 힘들어했습니다. 한글도 일찌감치 뗐고 책도 제법 많이 읽었기에 저학년 글쓰기쯤은 문제없을 줄 알았는데 그렇지 않았습니다. 선우는 책 읽기라면 초등학교 입학하기 이전부터 혼자서도 즐겼지만, 글쓰기만큼은 학습지를 푸는 것 말고는 따로 하려고 하지 않았습니다. 부모님이 보지 않는 데에서, 누가 시키지 않는 글쓰기를 하지 않았던 것입니다. 그런 선우에게 초등학교 입학 후 매일 하게 된 그림일기 쓰기는 유독 고역이었습니다.

"선생님, 선우는 어디서부터 잘못된 것일까요?"

상담실을 찾아온 부모님 얼굴에 걱정이 가득했습니다.

"선우 부모님, 글쓰기는 누구에게나 힘든 일이에요. 제 주변에도 책 읽기는 무척 좋아하는데 글쓰기는 힘들어하는 친구들이 꽤 많답니다. 심지어 글쓰기와 관련된 전공을 했는데도 말이지요."

"선우는 정말 책을 많이 읽은 아이에요."

"어쩌면 그게 문제일 수 있습니다. 읽기만 하고, 쓰지는 않은 습관 말이죠."

아이들이 표현 본능을 타고났다 하더라도 그것이 글쓰기라는 구체적인 활동으로 이어지기 위해서는 여러 가지 노력이 필요합니다. 일단 글을 잘 쓰려면 글 쓰는 과정이 즐거워야 합니다. 아이가 책을 계속 읽게 하려면 책 읽기 과정이 즐거워야 하는 것처럼 글을 계속 쓰게 하려면 글쓰기 과정이 즐거워야 합니다. 하루하루의 독서기쁨이 모여서 커다란 독서애호감 피라미드를 만들 듯이 하루하루의 글쓰기기쁨이 차곡

차곡 쌓여서 그 누구도 무너뜨릴 수 없는 글쓰기애호감이 만들어지는 것입니다. 그러려면 무엇보다도 아이가 즐거워하는 글쓰기 방법을 찾아 아이와 함께 제대로 된 글쓰기 놀이를 충분히 해주어야 합니다. 제가 선우 부모님에게 드린 조언 몇 가지를 소개하면 다음과 같습니다.

글쓰기애호감을 성장시키는 글쓰기 놀이법

자신이 아끼는 장난감, 인형의 이름을 만들어 붙여봅니다. **이름 짓기**는 매우 즐거운 글쓰기 활동입니다. 혹은 아이와 함께 **그림책 만들기**를 해보는 것도 좋습니다. 그림을 그린 후 그 그림에 맞는 글을 쓰면서 즐거운 글쓰기 경험을 해볼 수 있습니다. 서로에게 마음을 담아 **편지 쓰기**를 한 후 이를 주고받아보세요. 혹은 아이가 쓴 글들을 모은 **아이 문집**을 만드는 것도 좋은 방법입니다. 자신이 쓴 글들을 종종 꺼내서 볼 수 있도록 **글쓰기 금고**를 만들어볼 수도 있습니다. 아이가 쓴 글들을 책장에 아무렇게나 꽂아둘 것이 아니라 비밀스럽게 꺼내볼 수 있도록 잠금 장치가 있는 함을 만들어주면 더욱 좋습니다. 아주 쉬운 방법으로 **끝말잇기**를 글로 해보세요. 아이에게는 '침묵 놀이'라고 알려주면 더욱 흥미를 느낄 것입니다(물론 이는 제법 어휘력이 필요한 일이니 한글을 조금 익힌 후에 할 수 있는 활동입니다). **예쁜 필기구나 멋진 노트를 선물**해주는 것도 좋습니다. 저는 서점이나 문구점에서 예쁜 노트를 발견하면 아이들에게 선물을 해주곤 했습니다. 무엇보다도 글 쓸 기회를 자주 만들어주는 것이 좋습니다. **일상적인 메모, 라벨 만들기, 동시 필사해서 액자로 만들기** 등 사소한 글쓰기 활동을 생각해내고 집 안 여기저기에서 자신이 쓴 글을 아이가 직접 볼 수 있게 해주면 글쓰기에 큰 흥미를 느끼게 됩니다.

선우가 글쓰기를 힘들게 느꼈던 가장 큰 이유 중 하나는 메마르고 어려운 글쓰기를 너무 일찍 강요했기 때문이었습니다. 선우는 초등학교에 들어가기도 전부터 집에서 가까운 학원에서 논술 수업을 받았습니다. 선우는 그 학원에서 정서 중심의 글쓰기보다는 지성 중심의 글쓰기를 더 많이 배웠고, 확산적인 글쓰기보다는 주제나 소재, 줄거리를 찾는 수렴적 글쓰기 활동을 경험했습니다. 어린 나이에 어렵고 재미없는 글쓰기를 주로 했던 탓에 글쓰기에 대한 두려움이나 걱정이 너무 컸던 것입니다. 또한 선우는 학습지 수업 혹은 학원 수업에서 자신이 쓴 글에 대한 평가를 수없이 받았습니다. 어떤 글을 잘 썼고 어떤 글은 잘 못 썼다는 식의 평가 말입니다. 이러한 경험 역시 아이가 글쓰기애호감을 잃어버리는 데 크게 한몫했습니다. 선우 생각에는 세상의 모든 글쓰기가 어려운 일로만 느껴졌을 것입니다. '제대로 쓰지 않으면 안 돼. 틀리면 안 돼' 같은 생각이 선우의 머릿속을 가득 채우고 있으니, 글쓰기는 언제나 두려운 일이 될 수밖에 없었던 것이지요.

이러한 선우의 이야기를 타산지석으로 삼을 필요가 있습니다. 혹시 우리 아이에게 이러한 잘못된 지도가 반복되고 있는 것은 아닌지 살펴보아야 합니다. 이 책에서 제가 제시하고 있는 글쓰기 도안들조차 그것을 그대로 따라 하는 것에 집중하기보다는 아이가 그 활동을 얼마나 즐기고 있는지 살펴보기 바랍니다. 공감능력을 최대한 끌어올려 아이의 마음이 어떤지 수시로 살펴보아야 합니다.

2장

.

시냅스 글쓰기 1단계:
낙관성 키우기

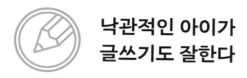

낙관적인 아이가
글쓰기도 잘한다

아이에게 여러 가지 글쓰기 방법을 알려주기에 앞서 낙관적인 심성을 길러주는 것이 중요합니다. 그래서 시냅스 글쓰기에서는 낙관적인 심성을 길러주고 이를 북돋우는 글쓰기 활동을 우선적으로 소개합니다. 이는 마치 집을 지을 때 기초를 튼튼하게 다진 후 이후 나머지 부분을 쌓아올려야 하는 이치와 같습니다. 아이의 낙관성이 떨어지거나 나빠지면 글쓰기가 아닌 다른 어떤 활동도 제대로 수행해내기가 힘듭니다. 의욕과 동기 자체가 떨어져버리면 독서, 학습, 취미, 진로 활동, 그 무엇도 제대로 할 수 없습니다. 그러니 부모가 여유로운 마음을 갖고 낙관적인 마음을 길러주는 글쓰기 활동부터 시작해보기 바랍니다. 이렇게 마음의 기초를 튼튼하게 다지면서 차차 창의성, 문제해결능력, 학습능력을 길러주는 글쓰기 활동으로 나아가면 됩니다.

최근 심리학계에서는 특히 낙관성에 대한 관심이 커지고 있습니다. 한창 인기를 끌었던 자존감이 지는 해라면 낙관성은 뜨는 해라고 해야 할까요(물론 자존감은 중요하지 않고, 낙관성만 신경 써야 한다는 뜻은 아닙니다)? 현대 심리학계는 1990년대부터 시작된 긍정심리학의 영향을 크게 받고 있습니다. 그때까지 우울과 불안 같은 부정 심리에 관한 연구가 중심을 이루었다면 긍정심리학이 대두된 이후로는 낙관성이나 그릿, 회복탄력성 같은 긍정 정서나 마음근력에 좀 더 주목하고 있습니다. 이는 심리학계의 일대 전환과도 같은 일이었습니다.

긍정심리학 연구에 의하면 낙관적인 사람은 더 끈기가 있고, 경기에서 더 많이 이기며, 힘든 일을 더 지혜롭게 헤쳐나갑니다. 또한 국내 연구에서도 낙관적인 아이는 몇 년 후 학업 성취도가 더 높고, 학교생활에도 적응을 잘하는 것으로 밝혀진 바 있습니다. 심지어 낙관성이 높으면 체내 면역물질이 많이 생성되면서 장수한다는 연구 결과까지 있습니다. 따라서 아이의 낙관성을 키우고 비관성을 줄이는 일을 양육에서 중요하게 고려해야 합니다.

그럼 아이의 낙관성을 어떻게 키울 수 있을까요? 이를 위해 가장 먼저 아이의 마음에서 낙관성과 비관성이 자라는 이유와 과정부터 알아야 합니다. 그리고 아이에게 스며든 비관적인 사고를 낙관적으로 바꾸는 방법에 대해서도 구체적으로 알아보아야 하겠지요.

선진국 사람들의 생활수준은 나날이 높아지고 있지만 이들의 비관성은 오히려 커지고 있습니다. 한국은 세계에서 열 손가락 안에 드는 잘 사는 나라가 되었지만 한국 사회에서 우울감을 겪거나 심한 스트레스를 경험하는 사람들도 점차 늘어나고 있습니다. 특히 자살률 급증은 심각한 사회문제입니다.

우울증의 원인 중 상당 부분을 밝혀낸 석학 마틴 셀리그만은 현대 사회를 뒤덮은 소아우울증의 진원지를 가족 해체와 부정적 양육, 교육 풍토에서 찾습니다. 셀리그만은 부모들이 자유롭게 결혼과 이혼을 반복하는 가운데 가족 해체를 경험한 아이들에게서 비관성이 높아질 수밖에 없다고 말합니다. 가족 해체나 양육 결손은 우리 역시 경험하고 있는 사회문제입니다. 셀리그만이 자신의 저서 《낙관적인 아이》에서 지목한 소아우울증 급증의 원인은 다음과 같습니다.

셀리그만이 지적한 소아우울증 급증의 원인

1. 가족, 국가, 신보다 개인을 중시한다.

2. 소비지상주의가 삶의 한 방식이 되면서 우울한 기분을 해결하려 쇼핑을 한다.

3. 견디기 힘들어서가 아니라 만족스럽지 않다는 이유로 결혼생활을 포기하고 더 나은 삶을 위해 쉽게 이혼한다.

4. 아이를 혼자 기르거나 보육기관에 맡기는 부모님이 많아졌다.

5. 삶에 대한 의무를 낡은 관념으로 여기는 경향이 강해졌다.

매우 간결하게 정리했지만, 깊은 통찰을 담고 있는 설명입니다. 단 몇 줄로 현대인의 황폐한 내면까지 잘 짚어내고 있으니까요.

비관성을 높이는 또 하나의 매우 중요한 요인은 바로 미디어입니다. 지금의 미디어 환경은 아이들의 비관성을 높이는 주된 원인입니다. 사실 지금 이보다 더 중요한 원인을 찾기도 어렵습니다. 아이들은 미디어에 떠도는 '헬조선'이나 '이생망(이번 생은 망했다)', '3포세대', '5포세대' 같은 말을 무방비로 접합니다. 그리고 당연히 이 말이 가진 깊은 비관성과 고정형 사고도 받아들입니다. 그렇게 부모님도 모르고 아이 본인도 알아차리지 못하는 사이 비관적인 생각이 서서히 아이들의 마음으로 침투하는 것입니다. 아이들에게 폭력물이나 성인 프로그램의 시청을 제한하고, 긍정적인 내용의 동화책이나 그림책을 풍부하게 읽혀야 하는 분명한 이유가 여기 있습니다.

셀리그만은 이와 함께 아이들이 성취감을 느낄 수 없게 하는 양육 방식과 교육 풍토도 아울러 비판하고 있습니다. 가령 아이가 주어진 과제를 하지 못했을 때도 덮어놓고 괜찮다고 말하거나 상관없다고 말하는 '거짓 자존감 지키기'가 만연한 지금의 풍토가 아이들에게서 낙관성의 토대가 되는 성취감의 기회를 박탈한다는 것입니다.

우리는 어려운 일을 해냈을 때 성취감을 느낍니다. 성취감을 느끼지 못하는 아이에게서 낙관성이 자랄 수 없습니다. 어떤 일을 열심히 하면서 충분한 성취감을 느낄 때 비로소 낙관성이나 자기효능감도 자랄 수 있습니다. 흔히 쓰는 말인 자존감 역시 사실 잘해냈다는 성취감과 잘할 수 있다는 효능감의 결합이기 때문입니다.

자기효능감과 낙관성 강한 아이로 키우는 방법

아이의 자기효능감과 낙관성을 키우기 위해서는 어려운 과제를 스스로 해내고 때로 실패하면서 자율성과 책임감을 키워나가는 바른 성장이 꼭 필요합니다. 대다수 아이에게 독서나 학습이 중요한 이유도 이 때문입니다. 학령기 아이에게 독서와 학습은 성취감을 느낄 수 있게 해주는 드넓은 운동장과도 같습니다. 같은 맥락에서 글쓰기 활동 역시 아이가 성취감을 느낄 수 있는 단단한 지렛대 역할을 합니다. 아이들을 더는 왜곡된 학력 경쟁으로 내몰 것이 아니라, 순수한 앎의 기쁨, 양질의 성취감을 느낄 수 있게 하는 양육이 필요한 때입니다.

그러나 사회문화, 교육제도의 변화만을 애타게 기다릴 수는 없습니다. 세상은 그리 쉽게 바뀌지 않기 때문입니다. 바뀐다고 해도 그때는 내 아이가 이미 자란 뒤일지도 모릅니다. 많은 것을 놓치고 후회하고 있을 때일 수도 있습니다. 특히 문제가 되는 것은 내 아이가 지금 사회문화와 교육 풍토, 주변 어른, 부모에게서 받는 부정적 영향입니다. 무심결에 내뱉는 "넌 공부만 잘하면 돼" 같은 말이 아이들의 비관성을 급격히 키울 수 있습니다. 부모는 그런 부정적 영향과 맞서 싸워야 하는 것입니다.

이는 미루거나 주저할 일이 아니라 지금 바로 시작해야 할 일입니다. 그렇다고 대단히 복잡한 문제이거나 어려운 실천은 아닙니다. 그저 아이가 즐겁게 글을 쓰게 해주고, 애써서 쓴 글들을 모아 문집을 만들고, 이를 차곡차곡 정리해나가면 됩니다. 또한 부모님이 함께 즐겁게 책을 읽고, 시냅스 글쓰기 활동을 하면 좋습니다. 이 책에서 제안하는 다양한 시냅스 글쓰기 활동으로 내 아이가 행복하고 건강한 성장으로 나아갈 수 있도록 돕기 바랍니다. 글쓰기가 아직 익숙하지 않은 아이라면 이를 조금 어려워하고 낯설어할 것이 분명하지만, 훗날 본인이 가장 소중하게 여길 자산을 만드는 일이 될 것입니다.

 아이의 낙관성을 높이는 양육 원칙

1. 검사를 통해 아이의 다중지능 프로파일 중 가장 우위에 있는 강점 지능과 관련된 취미 활동을 돕는다(아이의 다중지능 프로파일은 《시냅스 독서법》에서 약식 검사로 진행해볼 수 있다). 가령 아이의 신체운동지능이 뛰어나면 가장 즐기는 운동을 골라 매일 연습하면서 능숙해지도록 지지해준다. 이는 성취감과 효능감을 자주 경험하게 함으로써 자존감과 낙관성을 높이는 가장 훌륭한 방법이다. 이후 아이의 강점 활동의 역사를 글로 남기면 매우 이상적이다.

2. 희망적이고 긍정적인 내용의 글이나 영상을 많이 접하게 함과 동시에 부정적이고 비관적인 내용의 영상

이나 글을 접하는 일은 최대한 차단하자. 가령 미국 아이들은 18세가 될 때까지 각종 미디어를 통해 약 20만 건의 폭력물을 접하는데, 이로 인한 부정적 영향이 대단히 크다는 연구 결과가 있다. 이는 각종 스크린 미디어를 최대한 통제해야 하는 이유이기도 하다.

3. 긍정 정서를 높이는 시냅스 글쓰기를 한다. 고마운 대상에게 편지를 써서 직접 읽어주는 '감사편지', 매일 일어난 좋은 일 3가지를 적는 '축복일기', 나보다 못한 처지의 사람들을 불쌍히 여기고 할 일을 생각해보는 '하향 비교 글쓰기' 등이 효과적이다. 장래 희망 100가지를 적는 '100가지 희망 적기'도 효과가 크다(이어지는 2장과 3장의 낙관성 글쓰기, 정서적 글쓰기 부분을 참고해보기 바란다).

4. 존 가트맨의 '감정 코칭', 마셜 로젠버그의 '비폭력 대화'를 당장 배워본다. 특히 비폭력 대화는 아이의 마음을 최대한 공감하며 상처 주는 말을 중단하고 온전히 소통하는 공감대화법이다. 연습을 통해 '관찰', '느낌', '욕구', '부탁'의 4단계에 따라 아이와 대화하는 연습을 한다(이때 비폭력 대화를 배우고 실천하기 위해서는 부모의 감정 연습부터 선행되어야 한다).

5. 낙관성 사고와 낙관성 대화를 당장 익혀본다(마틴 셀리그만의 《낙관적인 아이》에서 자세한 방법을 배울 수 있다). 낙관성 대화는 비관성을 자극하는, 어려운 일을 영구적이고 전체적인 일로 파악하여 자신의 탓으로 돌려 죄책감을 갖는 사고 패턴을 막아주는 대화법이다.

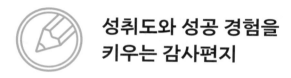

성취도와 성공 경험을 키우는 감사편지

인격의 완성은 감사를 충분히 느낄 수 있게 되는 것이라 해도 과언이 아닙니다. 말콤 글래드웰의 《아웃라이어》에도 감사할 줄 아는 능력이 얼마나 큰 힘을 발휘하는지 잘 드러나 있습니다. 글래드웰은 미국 대학에서 아시아 출신 학생들의 성적이 다른 민족, 인종과 비교해 월등히 높은 이유를 설명합니다. 여전히 많은 사람들이 그저 아시아인의 지능이 높아서 그런 것이라고 착각하지만, 이는 완전히 틀린 사실입니다. 아시아인들의 지능이 높다는 증거는 존재하지 않기 때문입니다. 사실 그것은 학생들의 내면에 자리 잡은 문화와 가치관이 빚어낸 성과였습니다. 아시아 출신 학생 대다수는 부모님이 새벽부터 밤늦게까지 일하는 것(가령 중노동이 필요한 쌀

농사 혹은 세탁소나 청과물 가게를 하며 밤낮없이 일하는 것)을 줄 곧 지켜보면서 성실성, 삶에 대한 감사를 마음 깊숙이 체득할 수 있었고, 그것이 고스란히 자신의 학습으로 이어져 학습적 성과를 낼 수 있었던 것입니다. 아시아인의 학업 성공은 결국 남다른 성실성 덕분이었던 셈이죠. 그 노력은 자신을 보살피 는 존재들에 대한 감사와 존경심에서 비롯된 것입니다.

또 여기에 한국을 비롯한 몇몇 아시아 국가에 강력하게 전 승되고 있는, 부모의 은혜를 생각하는 '효 사상'은 학습 동기 의 기폭제 역할을 합니다. 한국인이 여러 분야에서 유독 두각 을 나타낼 수 있었던 것은 이 2가지 내적 원인이 서로 강력한 시너지 효과를 낸 결과입니다. 세계적인 기업가, 소프트뱅크의 손정의 회장 역시 자신이 성공할 수 있었던 배경을 가난 속에 서도 자신을 지극 정성으로 보살핀 할머니에게 보답하고자 했 던 마음 덕분이었다고 회고한 바 있습니다. 아시아인의 효 사 상이 가져다줄 큰 변화를 점쳤던 석학들은 셀 수 없이 많습니 다. 가령 세계적인 석학 아놀드 토인비는 일찍이 한국의 효 사 상은 한국인이 세계로 도약할 수 있게 해줄 큰 원동력이 될 것 이라고 예언한 바 있습니다. 감사의 힘은 그만큼 큰 것입니다.

감사는 아이의 성장에 있어 꼭 필요하며 중요합니다. 그 러므로 아이가 감사의 소중함을 배울 수 있게 해주는 매체 혹은 스토리텔링을 충분히 또 자연스럽게 접할 수 있도록 이끌어주어야 합니다. 우선 우리 아이가 이런 항목들에 대해 어떤 생각을 지니는지 수시로 점검해보세요.

감사의 마음을 키우는 마음가짐 6가지
1. 나는 내 인생에서 많은 축복을 받았다.
2. 나를 돌보아주는 사람에게 항상 감사를 전하고 싶다.
3. 내 생애 동안 내가 받은 것들에 대해 항상 감사한다.
4. 나는 매일 많은 것들에 깊은 감사를 느낀다.
5. 내 삶을 돌이켜볼 때 감사해야 할 일들이 너무 많다.
6. 나는 평소 다른 사람의 도움이나 보살핌에 대해 감사함을 잘 느끼고 이를 잘 표현하는 편이다.

아이가 자신의 글에 이런 표현을 자연스럽게 쓸 수 있게 된다면 매우 바람직합니다. 아이가 감사의 생각을 품을 수 있도록 돕기 위해 다음의 3가지 기본 수칙을 항상 염두에 두고 수시로 아이의 마음을 살펴보세요.

감사의 마음을 키우는 행동 수칙 3가지
1. 하루에 얼마나 많이 "고마워요"라고 했는지 세어보고 그 횟수를 늘린다.

2. 매일의 마무리 시간에 좋은 일 3가지를 적는 축복일기를 쓴다.

3. 감사편지를 써서 대상자에게 직접 전달한다.

이 3가지 중 아이의 글쓰기 활동으로 적극 실천할 것이 바로 '축복일기 쓰기'와 '감사편지 쓰기'입니다. 감사편지 쓰기는 실제 심리 연구를 통해서도 그 효과가 입증되었습니다. 실험에서 사용된 방법은 그 조건이 조금 까다롭습니다.

> 감사편지 쓰기의 조건
>
> · 300 단어 이상 구체적으로 감사의 내용을 적는다.
> · 그 사람이 당신을 위해 무엇을 했는지, 당신의 인생에 어떤 영향을 끼쳤는지 적는다.
> · 감사의 마음을 알리고 그 사람이 해준 일을 얼마나 자주 기억하는지 언급한다.
> · 편지를 작성한 후, 그 사람과 약속을 잡는다.
> · 직접 전달한다. 예고 없이 깜짝 놀라게 해주는 편이 좋다.
> · 상대 앞에서 자신의 감사편지를 천천히 낭독한다.

물론 처음부터 이러한 감사편지 쓰기의 조건을 모두 충족할 필요는 없습니다. 이는 성인을 대상으로 한 연구 조건이었기에 아이가 이 기준을 모두 따라야 하는 것은 아닙니다. 다만 부모님이 감사편지의 기준을 참고하여 일상에서 실천, 독려할 수 있다면 더욱 좋겠습니다. 부모님의 모습이 아이에게 선한 영향력을 끼쳐 아이는 부모의 행동을 물려받을 것입니다.

 감사편지 쓰기에 도움이 되는 책 읽기
코넬리아 풍케의 《행복 요정의 특별한 수업》
패트리샤 폴라코의 《고맙습니다, 선생님》
박정선 글·백보현 그림의 《고맙습니다》
채인선 글·김은정 그림의 《아름다운 가치 사전 1, 2》

이제 글쓰기를 막 시작하는 아이라면 사전을 찾아 '감사'라는 단어의 뜻풀이를 해주면 좋다. 무엇보다도 감사의 뜻을 알려주는 동화책을 활용하는 것이 효과적이다. 코넬리아 풍케의 《행복 요정의 특별한 수업》이나 패트리샤 폴라코의 《고맙습니다, 선생님》, 박정선·백보현의 《고맙습니다》 같은 그림책을 이용해 감사를 간접적으로 배워보게 하면 좋다. 이처럼 아이에게 가르칠 것이 있다면 해당 내용이 잘 설명된 책을 활용해보자. 초등학교 저학년이라면 채인선·김은정의 《아름다운 가치

사전 1, 2》 같은 양질의 인격 함양 도서로 감사뿐만 아니라 세상의 아름다운 가치들을 하나씩 배워나간다면 더할 나위 없이 좋다.

결핍에서 피어오르는 자라나는 감사

요즘 아이들 대부분이 태어날 때부터 매우 풍족한, 결핍이 거의 없는 환경에서 자라납니다. 때문에 지금 자신이 누리는 많은 것들이 얼마나 소중하고 가치 있는지 온전히 체감하지 못하는 경우가 많습니다. 다시 말해 부모의 수고와 노력 덕분에 자신이 이런 환경을 누릴 수 있음을 깨닫지 못하는 것입니다. 설사 조금 알더라도 매우 추상적이고 피상적으로 이해할 때가 많아 어떤 일을 향한 큰 동기나 의욕을 만들어낼 만큼은 되지 못합니다. 그러니 부모는 아이가 누리는 많은 것들이 존재할 수 있었던 내력을 틈틈이, 세세히 설명해주고, 자신이 이런 환경을 누릴 수 있음에 감사할 수 있는 마음의 바탕을 일구어가도록 해주어야 합니다. 이를 위해 감사의 의미와 가치, 이유 등 아이와 감사한 것들에 관해 충분히 이야기를 나누어보세요. 아이 스스로 땀을 흘려야 어떤 것을 얻을 수 있다는 의미를 알려주면 좋습니다.

"나는 엄마, 아빠가 아침 일찍 나가서 열심히 일하셔서 지금 잘 살고 있는 것 같아. 그래서 엄마, 아빠에게 무척 감사해요."

아이가 이런 표현을 할 수 있는 마음을 갖게 되는 것이 우리의 목표이자 양육에서 최종 목표이기도 합니다. 단, 아무리 감사가 중요해도 억지로 강요할 수는 없는 노릇입니다. 그러니 아이 스스로 느끼고 고민해서 감사의 마음을 진심으로 깨달을 수 있도록 정성껏 이끌어줄 필요가 있습니다.

감사편지 쓰기를 할 때 주의할 점

아이의 글쓰기 능력이 어느 정도 자리 잡았다면 매주 한 편 이상 감사할 대상을 정해 편지를 써보게 합니다. 딱히 형식이나 내용, 분량을 제한하지 않아도 좋습니다. 다만 누구에게, 어째서 그런 마음을 생겼는지 그 내력을 구체적으로 적는다면 좋겠지요. 매주 하나의 대상에게 감사편지를 쓴다고 가정하면 처음에는 엄마, 아빠, 할머니, 반려동물, 일용할 양식, 공기를 만들고 깨끗하게 해주는 나무나 식물에서 시작해서, 나중에는 세종대왕, 이순신 장군, 유관순 열사, 안중근 의사에게까지 감사편지를 써볼 기회가 생길 것입니다. 그러면서 자연스럽게 환경과 역사 공부를 곁들일 수도 있겠지요.

한 가지 꼭 기억할 점은 감사편지 쓰기를 아이가 진정 즐기게 하려면 감사편지 대상과의 즐거운 교감을 해야 한다는 사실입니다. 감사의 체험이 필요한 것입니다. 가령 아이가 할머니에게 감사편지를 쓴다면 할머니가 고생해서 자신에게 맛있는 음식을 손수 만들어주는 것을 직접 눈으로 보고서 감사를 느껴야 합니다. 그리고 할머니를 찾아가 감사편지를 직접 읽어드리고 서로 애틋한 정을 나누는 시간을 가지는 것이 좋겠지요. 만약 세종대왕에게 감사편지를 썼다면 세종대왕기념관이나 광화문광장 등을 찾아 그 업적과 뜻을 함께 기리면 좋습니다. 아름다운 시를 남겨준 윤동주 시인에게 감사하다면 윤동주문학관을 방문해봅니다.

정 힘들면 관련 다큐멘터리 한 편 정도를 시청해보세요. 또 숲에 가서 신선한 공기를 마시고 자연의 소중함을 생생하게 느끼는 체험을 통해서도 아이에게 감사의 마음이 저절로 샘솟을 수 있습니다.

삶을 소중히 생각하게 만드는 축복일기

축복일기는 감사일기라고도 불리는 활동으로 이 역시 연구를 통해 그 효과가 충분히 입증된 글쓰기 활동입니다. 몇 달 이상 꾸준히 축복일기를 써본 실험 대상자에게서 우울이나 불안 심리가 크게 줄고 낙관성이 증진되는 사실을 확인할 수 있었습니다. 축복일기는 매일 '오늘 좋았던 일 3가지'를 추려서 일기 형식으로 정리하는 글쓰기입니다. 일기라는 제목이 붙었지만 메모 정도로 보아도 좋습니다. 그러니 아이에게 큰 부담을 주지 않습니다. 심리학자들은 축복일기를 너무 구구절절 쓰면 감사와 기쁨 같은 긍정적 정서가 오히려 줄어들 수 있다고 충고합니다. 이성 뇌가 활성화되면서 뇌가 가진 용량의 한계 때문에 감정 뇌가 금세 식을 수도 있기 때문입니다. 감사한 점을 분석하다 보니 감사한 마음과 감정이 사라져 버리는 것입니다.

그러니 축복일기는 길고 자세하게 적을 것이 아니라, 시간이 지난 후에 기억할 수 있을 정도의 단서만 남기고 간결하게 적는 것이 요령입니다. 아이들 대부분이 일기 쓰기를 병행하고 있을 것이므로 일기 쓰기의 한쪽 편에 축복일기를 곁들이면 좋습니다. 아이에게 주어진 시간 역시 한정되어 있으니 너무 많은 글쓰기 활동으로 시간을 뺏는 것은 경계해야 합니다.

제가 제작 단계부터 자문하고 출연했던 EBS 다큐멘터리 〈공부 못하는 아이〉에서 참가 학생들에게 축복일기를 쓰게 지도한 적이 있습니다. 대상자들은 공부 의욕이 크게 떨어진 20명 정도의 고등학생이었는데, 축복일기 쓰기를 통해 낙관성과 자존감, 학습 의욕이 높아지는 것을 확인할 수 있었습니다. 심지어 기말시험에서 성적이 크게 향상되었습니다. 저 역시 책으로만 배웠던 사실을 직접 확인하는 소중한 경험이었습니다.

축복일기 쓰기를 통해 아이들이 삶에서 가치 있고 즐거운 일, 사람들을 기쁘게 하고 세상에 좋은 영향을 미치는 일을 발견하는 힘을 기르게 하는 것이 필요합니다. 축복일기를 쓰고 몇 달이 지난 후 지난 일기들을 다시 읽으며 자기 삶이

기쁨과 긍정으로 채워져 있음을 확인하는 것도 중요합니다.

이때 부모님이 꼭 도와주어야 할 일이 있습니다. 하루 한 가지 정도, 아이가 오늘의 멋진 일로 기억할 만한 좋은 경험을 가질 수 있도록 돕는 일입니다. 이는 아이의 하루하루를 멋지고 보람 있게 만드는 일이기에 그 과정 자체로 소중하고 가치 있습니다. 물론 부모, 아이 모두 바쁘게 지내다 보니 딱히 좋은 경험을 하지 못하고 지나는 날도 많을 것입니다. 그럼에도 조금만 생각해보면 감사하고 기쁘게 생각할 일은 얼마든지 찾을 수 있습니다. 우연히 길을 가다가 예쁜 고양이를 만나 한참 바라보았던 것만 해도 충분합니다.

가급적 잠들기 1~2시간 전에 축복일기를 작성하게 해주세요. 만약 좋은 일이 3가지까지 떠오르지 않는다면 굳이 무리해서 다그칠 필요는 없습니다. 1~2개라도 좋으니 자신이 좋았다고 느낀 일을 자연스럽게 적는 것이 중요합니다. 아이가 글을 쓰기 시작한 초반에는 꼼꼼하게 도와줄 필요가 있지만, 몇 주 정도 지나면 일주일에 한 번 정도 함께 확인하며 그 이유를 질문하는 시간을 가져보면 됩니다. 감사할 일을 발견하는 것 역시 아이에게는 매우 창조적인 활동입니다.

가령 다음과 같이 축복일기를 적었다면 아이는 빛나는 하루를 보냈다고 할 수 있을 것입니다.

오늘의 축복일기

2022년 1월 5일 수요일

1. 친구 현석이와 놀아서 즐거웠다. 현석이와 할리갈리 게임을 했다.

2. 오늘 엄마와 뒷산에 올랐다. 몸도 튼튼해지고 맑은 공기를 맡을

수 있었다.

3. 저녁에 엄마와 영화 〈인사이드 아웃〉을 보았다. 무척 감동적이

었다.

꿈을 꾸는 아이를 위한
100가지 희망 적기

존 고다드는 15세이던 1940년, 노란 종이에 '나의 인생 목표'를 적었습니다. 그것은 총 127개의 인생목표였습니다. 존은 47세가 되던 해 그 목표 가운데 104개를 달성합니다. 그리고 그의 기사는 1972년 미국 〈라이프〉지에 '꿈을 성취한 미국인'이라는 제목으로 실립니다. 존은 1980년 우주비행사가 되어 달에 감으로써 처음 세웠던 127번째 목표를 모두 달성하지요. 그 후로 그의 꿈은 500개까지 늘었고, 죽을 때까지 하나씩 이뤄나갔습니다. 이 이야기는 《존 아저씨의 꿈의 목록》이라는 동화책에 잘 담겨 있습니다.

버킷리스트 적기는 최근 가장 유행하는 글쓰기 방법입니다. 하지만 무작정 몇십 가지, 몇백 가지 버킷리스트를 적는 것은 무의미하거나 쓸데없는 욕심만 키우는 낭비적인 일이 될 수 있습니다. 심리학자 소냐 류보머스키는 우리가 목표를 제대로 세우고 이루기 위해서는 다음의 6가지 원칙을 지켜야 한다고 말합니다.

소냐 류보머스키가 말하는 목표 실행의 6가지 원칙
1. 목표가 자기 자신의 것이 되도록 소유해야 함
2. 열정적으로 헌신하는 마음가짐을 길러야 함
3. 동기가 향상하도록 꾸준히 자기실현적 예언을 함
4. 유연한 대응전략을 가져야 함
5. 본질적인 동기를 잘 기억해야 함
6. 목표의 내용들을 잘게 쪼개어 세부화해야 함

아이가 하고 싶은 일을 적도록 그저 내버려두기보다는 아이에게 어떤 일이 꿈꾸기에 가치 있는 일인지 알려주는 일부터 시작해야 합니다. 그런 의미에서 이 100가지 희망 적기는 버킷리스트 적기와는 조금 다른, 보다 체계적인 글쓰기 활동입니다. 사실 이 100가지 희망 적기는 체계적인 연구를 통해 완성된 매우 정교한 글쓰기 프로그램입니다. 이 방법을 체계화한 심리학자 캐롤라인 A. 밀러는 저서《나는 이제 행복하게 살고 싶다》에서 100가지 희망 적기에 대해 상세하게 설명하고 있습니다. 우선 '행복의 집'부터 만들어야 합니다. 밀러는 '행복의 집'의 17가지 구성 항목을 제시합니다. 아래 표처럼 17가지 항목마다 5~10개 정도의 구체적인 꿈을 적어나가다 보면 100개가 채워질 것입니다.

캐롤라인 밀러의 행복의 집 구성 항목 17가지

- 영적인 생활
- 친구
- 친척
- 일
- 창의성
- 지역사회
- 자존감
- 학습
- 집
- 봉사
- 자녀
- 돈
- 놀이
- 이웃
- 건강
- 목표와 가치관
- 사랑

이 항목들 가운데 '영적인 생활'이 조금 까다로운 목표일 수 있는데요. 만약 아이에게 종교가 있다면 조금 수월하겠지만 종교를 가지고 있지 않다면 철학적인 질문과 관련된 목표를 만들면 됩니다. 가령, 부모 역시 대답하기 어려운 질문이기도 한, '왜 인간은 힘든 인생을 성실하게 살아야 하는가?' 같은 질문을 함께 고민해본다면 '훌륭한 삶을 살고 50세에는 자서전 써보기' 같은 영적인 생활에 해당하는 목표를 정할 수 있을 것입니다.

그렇게 하여 각각의 17가지 구성 항목에 아이가 이루고 싶은 희망을 채워나가면 됩니다. 이 글쓰기는 초등학교 저학년보다는 중학년이나 고학년쯤 되었을 때 좀 더 잘해내는 것 같습니다. 또한 이 글쓰기를 좀 더 성공적으로 이끌어가기 위해서는 아이가 자기 자신에 대해서, 자신이 앞으로 하고 싶은 일에 대해 제법 많은 시간을 생각해보는 기회를 가져야 할 것입니다.

《나는 이제 행복하게 살고 싶다》에서는 17가지 구성 항목을 자신의 개성에 맞게 1, 2, 3층에 나누어서 적게 합니다. 이는 자신의 가치관에서 어떤 요소가 어떤 요소를 뒷받침하는 일일지 생각해보게 하는 매우 유익한 글쓰기이자 성찰 활동입니다. 저는 아이와 상의해서 1층에 건강, 사랑, 자존감 등을 놓고 2층에 돈, 일, 놀이, 학습을, 3층에는 영적인 생활, 봉사, 친구 등을 놓아보았습니다(물론 제 생각이 정답은 아닙니다).

100가지 희망 적기 1단계 : 행복의 집 채우기

82쪽에서 제시한 행복의 집을 구성 항목 17가지 중 자신에게 가장 중요하다고 생각하는 10가지를 고른 후 1층부터 3층까지 배치해보세요.

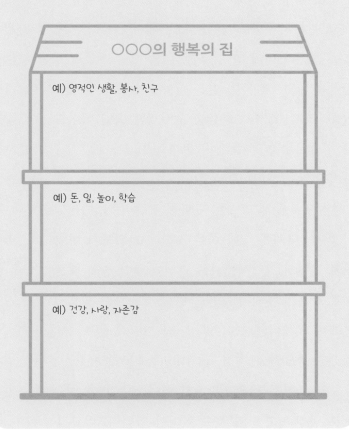

어떤 사람은 영적인 생활을 1층에 위치시킬 수도 있고, 친구를 1층에 놓을 수도 있을 것입니다. 아무튼 이 과정을 통해 어떤 요소가 어떤 요소보다 더 기초적인 요소라고 생각하는지 자신의 가치관을 고찰하고 또 반영해볼 수 있을 것입니다.

이제 각 항목들과 관련된 희망들을 생각하며 적어나가 보세요. 건강에 관해서 '100세까지 건강하게 살면 좋겠어요', '매일 꾸준히 운동을 하겠어요', '매년 건강 검진을 잘 받겠어요', '건강에 대해 잘 공부해보겠어요', '스트레스 받지 않는 방법을 배워보겠어요' 같은 희망들을 적을 수 있습니다. 하루 이틀 만에 100가지 희망을 모두 만들어낼 아이도 있겠지만, 잘 생각이 나지 않는다며 좀처럼 100가지를 채우지 못하는 아이도 많을 것입니다.

서두르지 말고 아이와 함께 꾸준히 다양한 가치 탐색, 자기 발견, 미래에 대한 상상 시간을 가져보기 바랍니다. 또한 이와 관련된 그림책이나 동화책이 무척 많기 때문에 꿈을 주제로 삼은 책들에서 도움을 받는 것도 좋은 방법입니다. 가령 그레이엄 베이커 스미스의 명작 그림책《아버지의 꿈》을 함께 읽으며 꿈에 관해서 깊은 대화를 나눠보세요.

물론 처음 세운 100가지 희망은 해마다, 아니면 주기적으로 점검하고 교체할 수 있어야 합니다. 비교적 이루기 쉬

100가지 희망 적기 2단계: 항목별 목표 10가지 적기

행복의 집에서 선택한 항목 10가지 중 하나를 골라 그에 해당하는 목표 10가지를 적어보세요.

항목: 건강

1. 밤 10시 이전에 잠자리에 든다.

2. 하루에 물을 1리터 이상 마신다.

3.

4.

5.

6.

7.

8.

9.

10.

운 목표라면 금방 이뤄낼 수도 있을 것이고 좋아하는 일이 생기거나 진로가 바뀌면 대폭 수정해야 할 때도 생길 것입니다. 그럴 때면 지체하지 말고 100가지 꿈을 수정해보세요. 또한 부모님도 이 활동을 함께 해본다면 좋겠습니다. "엄마도 이번에 계획 세웠던 자격증 따기를 이뤘단다" 하고 말하면서요.

이렇게 중요도 순으로 각 10개의 항목별 10개씩, 총 100가지 희망을 채워나가면 됩니다. 달성한 목표는 옆에 몇 월 며칠 달성했다고 적어두고, 꿈의 실현 과정 또한 기록으로 남겨두면 자기 삶의 중요한 업적과 이력이 될 것입니다. 또 꼭 먼 미래의 꿈만이 아니라 '초등학교 3학년 꿈 리스트', '초등학교 5학년 꿈 리스트'를 만들어 그때그때 이루어나가는 경험을 해보는 것도 좋습니다.

만족으로 다가서는 마음,
하향 비교

내 아이에게는 좋은 것, 멋진 것만 계속 보여주고, 부족한 점은 한없이 채워주는 것이 좋을까요? 아니면 어렵고 불편하고 가난하고 고통스러운 것들도 함께 보여주며 심지어 때로는 의도적으로 결핍을 느끼게 하는 것이 나을까요? 이성적으로는 후자가 필요하다고 생각하지만 부모 마음은 늘 앞의 것만 따르기 싫습니다. 하지만 이는 아이의 인성을 망가뜨리는 큰 원인이 될 수 있습니다. 그렇게 부족함 없이 채워진 아이의 마음에 도리어 만족보다 불만과 불안이 걷잡을 수 없이 자라곤 하기 때문입니다.

가장 큰 문제가 작은 일에 기뻐하거나 만족하지 못하는 경우입니다. 이런 사람은 결국 독한 술이나 마약 같은 커다란 쾌락으로 달려가기 마련입니다. 요즘 각종 청소년 중독 문제가 심해지는 것도 이와 깊은 관련이 있습니다. 그래서 이제 쾌락으로 달려드는 동물 뇌 대신 삶의 작은 부분들에서 기쁨을 발견하는 이성 뇌, 영성 뇌를 키워주는 것이 부모의 일이 되었습니다.

가령 아이에게 오스카 와일드의 동화 《행복한 왕자》를 읽어준다고 해보죠. 동화에는 힘든 상황, 가난한 처지에 놓인 이웃들이 등장합니다. 동상이 된 왕자가 궁궐 속에서 살 때는 전혀 몰랐던 모습이지요.

왕자가 대답했다. "내가 살아 있으며 인간의 심장을 가지고 있을 때는 눈물이 무엇인지 몰랐단다. 슬픔이 침범할 수 없는 성에 갇힌 채 항상 살았기 때문이지. 낮에는 정원에서 친구들과 뛰놀고, 저녁에는 파티에서 춤을 추었지. 성은 높은 담으로 둘러싸여 있어서 나는 담 너머에 무엇이 있는지 도통 알지 못했어. 그런 나를 사람들은 '행복한 왕자'라고 불렀단다. 난 그저 행복이란 기쁨이라 여겼지. 내가 죽고, 사람들은 나를 동상으로 만들어 여기에 높다랗게 세워놓았어. 이곳에서 난 도시의 비루함과 불쌍한 사람들을 많이 볼 수 있었지. 비록 내 심장은 납으로 만들어져 있지만, 그래서 이렇게 눈물을 멈출 수 없는 것이란다."

– 《행복한 왕자》, 오스카 와일드

왕자는 제비에게 부탁해 자신의 몸에 있는 값진 것들을 떼어내 그들에게 전해줍니다. 이 동화를 아이가 잘 이해하려면 아이는 세상에 가난하고 불쌍한 사람들이 있음을 잘 알고 있어야 합니다. 옛날 동화에나 나오는 특별한 일이 아니라 아직도 지구의 많은 이들이 굶주리고 있음을 잘 알려주어야 합니다. 그래야 아이는 이 멋진 동화에 제대로 공감하고 감동받을 수 있을 것입니다.

아이에게 슈퍼맨이나 공주, 영웅, 신 같은 존재만을 알려주어서는 안 되는 이유도 여기에 있습니다. 그리고 아이가 TV에 나오는 부자나 연예인들의 근사한 집과 값진 소유물에만 눈길을 두지 않도록 이끌어야 할 필요도 있습니다. 쏟아지는 정보의 소나기 속 아이가 접하는 매체의 취사선택에 신중해져야 합니다.

알랭 드 보통은 자신의 책 《뉴스의 시대》에서 정보의 홍수 속에서 현대인들이 근사하고 풍족하게 사는 사람들을 끊임없이 염탐하면서 선망하고 질투하기에 바쁘고, 그로 인한 불안과 우울, 좌절감에 사로잡히게 된다고 말합니다.

우리는 누구나 비교하는 심리를 갖고 있습니다. 이는 본성에 자리 잡은 강력한 생각 기제입니다. 특히 아이들은 조금만 차이가 나도 이에 민감하게 반응하고 감정으로 느낍니다.

그런데 이 비교를 크게 2가지로 나눌 수 있습니다. 하나는 자기보다 더 나은 처지에 있는 사람과 자신을 비교하는 상향 비교이고, 다른 하나는 자신보다 못한 사람을 바라보며 현재의 삶에서 만족과 감사를 구하는 하향 비교입니다. 물론 상향 비교는 강한 성취동기를 만들어주고, 현실에 안주하지 않고 노력하게 만드는 장점도 가지고 있습니다. 그러나 그보다는 남과 비교하지 말고 자신을 온전히 존재 자체로 존중하고 긍정하는 마음이 필요합니다. 또한 아이가 세상에 자신보다 못한 처지에 놓인 사람이 많다는 사실을 아는 것도 여러 면에서 중요합니다. 그래야 삶을 바라보는 데 있어 균형 감각을 가질 수 있습니다.

제3세계 국가들, 아프리카, 남아시아, 남아메리카의 나라들에는 여전히 하루 한 끼를 걱정하며 힘겹게 살아가는 많은 아이들이 있습니다. 우리 주변에도 여러 이유 때문에 힘든 상황에 놓인 아이들이 많습니다. 그 아이들을 안타까움과 연민으로 바라보는 측은지심을 길러주어야 합니다. 우리가 느끼는 불행의 대부분은 상향 비교에서 만들어지기 때문입니다. 나보다 나은, 근사해 보이는 삶을 사는 사람들을 주목하고, 부러워하며, 자기 처지를 비관하고, 그들을 은연중에 시기, 질투하는 비교 심리가 만들어내는 불행입니다. 이런 마음이 커지면 우리 마음은 어느새 마른 가지처럼 병들고 맙니다.

그러니 삶을 균형감 있게 대하는 것, 저 위도, 저 아래도 조화롭게 바라볼 줄 아는 균형 있는 안목이 필요합니다. 이 정신적 평형감각을 키우기 위해서는 나보다 못한 처지에 놓인 사람들과 그들의 환경을 있는 그대로 바라볼 수 있는 눈이 필요합니다. 이때 하향 비교가 결코 자기보다 못한 사람을 낮잡고자 하는 의도로 활용되어서는 안 될 것입니다. 이는 꼭 주의해야 할 부분입니다. 오히려 나보다 못한 처지에 놓인 사람들을 보며 인간 본성인 이타성과 연민을 키울 수 있는 기회가 되어야 합니다. 부모님이 아이에게 기부나 봉사, 선행을 솔선수범하는 모습을 보이는 것은, 여러 연구에서도 증명된 바 있지만, 아이의 인격 성장을 돕는 매우 교육적이고 가치 있는 일입니다. 부모의 선행, 기부 활동에 아이도 동참할 수 있도록 이끌어주세요.

지금 자신에게 주어진 것, 허락된 것들을 기쁜 마음으로 대하는 태도 역시 위아래를 균형 있게 바라보는 안목에서 자라날 것입니다. 연구에서도 하향 비교를 자주 하는 사람의 행복도가 훨씬 높은 것으로 나타났습니다.

하향 비교를 돕는 글쓰기를 위해서는 관련 매체 감상부터 시작해야 합니다. 찾아보면 가난한 주인공이 나오는 그림책이나 동화책은 무척 많습니다. 아이와 그런 책을 읽을 때면 하향 비교를 경험할 수 있는 독후 활동으로 디자인해주세요. 가령 그림책《가난한 사람들》은 대문호 빅토르 위고의 서사시에 감명받은 대문호 톨스토이가 이를 단편 소설로 다시 쓴 작품에 근사한 그림까지 곁들인 그림책입니다. 물론 도스토예프스키의 동명 소설 역시 위대한 문학작품입니다. 제목은 같지만 둘은 다른 작품입니다. 위고의《가난한 사람들》은 톨스토이에게 깊은 영향을 미친 작품으로 알려져 있습니다. 이 그림책을 읽고 아이와 가난에 대해서, 가난한 사람들에 대해서, 그들의 안타까운 처지에 대해서 이야기를 나누고 자유롭게 글을 써볼 수 있을 것입니다. 또한 주인공의 이름을 거명하며 그림책 내용을 곁들여 자신의 감상을 적을 수 있을 것입니다. 아이들에게 사회적 감수성을 길러주기 위해 만들어진 질리안 로버츠·제이미 캐샙 글·제인 하인릭스 그림의《가난한 사람은 왜 생길까요?》로 하향 비교 글쓰기를 한다면 사회구조나 현상에 대한 깊은 이해까지도 유도할 수 있을 것입니다.

이 글쓰기에도 역시 특별한 가이드라인이 존재하지 않습니다. 자신이 느낀 점을 자유롭게 쓰는 것이 중요합니다. 글쓰기 능력을 기르는 목적보다는 아이의 정서가 건강하고 아름답게 변화하며 빚어지는 변화에 좀 더 관심을 기울여야 합니다. 이때 다음과 같은 질문들이 유효하게 작용할 것입니다.

하향 비교 글쓰기

《가난한 사람은 왜 생길까요?》를 읽고 다음의 물음에 답해보세요.

1. 아이들은 가난한 사람을 보고 어떤 생각을 했나요?

_____

_____

_____

_____

2. 왜 어떤 사람들은 가난한 처지에 놓이게 되는 것일까요?

_____

_____

_____

_____

_____

---

3. 나중에 가난한 사람과 대화하게 된다면 어떤 말을 해주고 싶나요?

_____

_____

_____

_____

4. 나중에 어른이 되어서 이런 사람들을 위해 어떤 일을 할 수

있을까요?

_____

_____

_____

_____

5. 이런 사람들이 힘든 상황에서 벗어나기 위해 우리들, 국가

나 사회가 도울 방법은 무엇일까요?

_____

_____

_____

_____

스스로 칭찬할 줄 아는 아이,
자기 격려 기술

　아이는 스스로를 칭찬할 줄 알아야 합니다. 자기 격려는 낙관성을 만드는 원천입니다. 아무리 열심히 노력해도 스스로에게 인색한 평가만 내리거나 자기 비하에 자주 빠진다면, 낙관성이 자라기 힘듭니다. 심지어 자신을 충분히 칭찬할 줄 모른다면 어느새 기운이 빠져 무기력해질 것입니다. 따라서 아이가 순간순간 자신의 성취에 응당한 칭찬과 격려의 마음을 갖는 것은 매우 중요합니다.

　그런데 칭찬은 크게 2가지로 나눌 수 있습니다. 잘한 것이 별로 없는데도 잘했다고 하는 허수아비 칭찬(가짜 칭찬)과 정말 노력하고 정성을 기울인 결과 어떤 일을 성공했을 때 주는 정당한 칭찬(진짜 칭찬)입니다. 아이를 키우는 부모는 무턱

대고 칭찬만 하기 쉽습니다. 계속 칭찬 거리를 찾아내고, 작은 일에도 호들갑을 떠는 것입니다. 또 가짜 칭찬을 남발하는 경우도 많습니다. 하지만 가짜 칭찬의 결과는 무섭습니다.

가짜 칭찬이나 칭찬의 역효과에 관한 다큐멘터리나 책도 참고해보기를 추천합니다. 허수아비 칭찬을 자주 들은 아이들에게는 거짓 자존심이 커집니다. 잘하는 것, 노력한 것이 없음에도 자신이 잘났다고, 자신이 대단하다고 착각합니다. 이런 아이들은 쉽게 불안해지고, 자기가 감당하기 어렵다고 생각하는 일은 아예 도전조차 하지 않아 수동적이고 소극적인 아이가 될 가능성이 커집니다. 반대로 정당한 칭찬을 듣고, 또 스스로를 격려한 경험이 있는 아이는 낙관성과 자존감이 쑥쑥 자랍니다.

정당한 칭찬을 위해 무엇보다 중요한 것이 부모의 '칭찬력'입니다. 즉 아이가 애쓴 일 그리고 그에 따른 성공과 실패를 구체적이고 객관적으로 관찰하는 능력, 그 과정에서 아이가 느꼈을 여러 가지 감정과 생각을 이해하고 지지하는 능력이 필요합니다. 《자녀교육, 사랑을 이용하지 마라》라는 멋진 양육서의 저자 알피 콘은 아이에게 칭찬을 남발하지 말고 다음과 같이 절제되고 구체적인 칭찬을 해줄 것을 제안합니다.

알피 콘이 제안하는 올바른 칭찬법

이전에 했던 말	앞으로 할 말
"너의 이런 방법이 좋구나."	아무 말도 하지 않는다. 단지 관심만 둔다.
"잘 그렸어! 이 그림 참 좋다."	본 것을 평가하기보다는 설명한다. "방금 그린 이 사람 발이 색다른데? 발가락도 있네."
"다른 사람을 정말 잘 도와주는구나!"	아이의 행동이 다른 사람에게 미치는 영향을 설명해준다. "식탁에 수저를 놓았구나! 엄마 일이 훨씬 줄었네."
"이 글 잘 썼구나."	생각을 유도한다. "시작부터 읽는 사람의 관심을 끄는 이런 방법은 어떻게 알아낸 거야?"
"잘 나눠 먹었어, 철수야!"	판단하기보다는 질문한다. "꼭 그러지 않아도 되는데 어떻게 영희에게 사탕을 줄 생각을 다 했니?"

아이들은 왜 자기 격려, 자기 칭찬 하는 것을 어려워할까요? 가장 큰 이유는 열등감이나 자기 비하 심리 때문입니다. 우선 아이와 열등감에 관해 여러 이야기를 나누어보세요. 열등감은 무엇이고, 어떤 상황에 느끼며, 열등감을 느끼는 것이 가지는 장점과 단점을 아이와 함께 생각해봅니다. 아이는 실패와 패배를 경험하며 자연스럽게 열등감을 느낄 수 있지만,

지나친 열등감은 마음을 다치게 하는 가장 큰 원인입니다. 그리고 자기 격려 방법에 관해서 잘 알려주어야겠지요. 자신이 잘한 일에 대해 적절하게 칭찬하는 일이 무엇보다 중요하다는 사실도 알려주세요. 틈날 때마다 자신을 위로하거나 격려하는 말을 함께 생각해보세요. 이 주제와 관련된 그림책은 무척 많습니다. 그중에서도 유명한 케빈 헹크스의 《난 내 이름이 참 좋아!》 같은 그림책을 활용해도 좋습니다. 아이가 이런 말을 하고 또 쓸 수 있도록 생각과 마음을 다듬어주세요. 문장 카드로 제작해 자주 보게 해주면 좋겠어요. 아이와 함께 만들어도 좋아요. 격려와 칭찬의 표현은 무궁무진합니다.

문장카드로 만들면 좋은 자기 격려와 칭찬의 표현

· 노력해서 어떤 일을 해냈을 때 "수고했어, 열심히 한 덕분에 이렇게 해냈구나!"라고 말해요.

· 내 몸을 토닥여줘요. 힘차게 걸으며 힘을 얻어요.

· 사람들과 이야기하며 힘을 얻어요.

· 잘못하거나 실패했을 때 "괜찮아, 괜찮아"라고 말해요.

· 어떤 일이 하기 어려울 때 "할 수 있어"라고 말해요.

· 어떤 일을 할 때 잘될 거라고 희망적으로 생각해요.

- 새로운 일을 할 때마다 즐겁게 도전해요.

- 새로운 것을 배울 때 즐거운 마음으로 해요.

- 나는 중요한 사람이라고 생각해요.

- 이 세상에 단 한 사람, 나는 특별하다고 느껴요.

- 난 내가 정말 좋아요.

- 어떤 일을 시작할 때 "아자, 아자, 파이팅!"을 외쳐요.

- 포기하고 싶을 때 자신에게 "힘내"라고 말해요.

- 실패를 하더라도 다시 도전할 거라고 다짐해요.

- 어떤 일을 잘할 수 있을 때까지 끈기 있게 연습해요.

- 장점은 잘 키우고 단점은 하나씩 고쳐나가요.

- 다른 사람 도움 없이 스스로 하려고 노력해요.

이런 말을 자기 격려 편지나 목표 만들기 글쓰기 등에 활용해보세요. 우선 어떤 일을 했을 때 열심히 노력했다면, 너무 잘하지 않아도, 완벽하지 않아도 괜찮다는 마음을 가질 수 있도록 해야 합니다. 자신에 대한 냉정한 평가는 필요하지만, 지나친 완벽주의는 오히려 불안과 조급함만 더해서 자신감을 잃게 만들기 때문입니다.

주기적으로 자신의 노력, 장점, 성공 경험을 적어보는 시간을 갖게 해주세요. 일주일에 한 번 정도는 자기 격려 글쓰기를 하는 것이 좋습니다. 이런 주제로 부모와 함께 연극을 만들어볼 수도 있을 것입니다. 그림 그리기나 노래 가사 바꾸어 적어보기, 격려의 말, 칭찬 메시지도 시도해보세요. 아이에게 아래와 같이 물어보고 질문에 답을 적어보게 합니다. 역시 형식 제한은 없습니다. 떠오르는 말들을 자유롭게 적으면 됩니다.

자신을 칭찬하는 말을 생각해볼까요?

어떤 일을 마쳤을 때 자신에게 어떤 말을 해주면 좋을까요?

_____

_____

_____

힘들고 지쳤을 때 스스로에게 해줄 수 있는 위로의 말을 생각해보아요.

_____

_____

_____

주변 사람들을 칭찬하고 격려하는 말을 떠올려보세요.

_____

_____

_____

이런 말들을 잘 연결해 자신에게 또는 누군가에게 격려의 편
지를 써보세요.

_____

_____

_____

_____

이후 자기 격려를 구체적인 활동으로 이어나갑니다. 자
기 격려 시 쓰기, 자기 격려 메시지를 적어 보이는 곳에 붙여
보기, 자기 격려 일기 쓰기, 자기 격려 편지 쓰기(나에게 보내는
편지), 자기 격려 에세이 쓰기(체험 수기 형식) 등으로 발전시켜
나가면 좋습니다.

소중한 순간을 글로
남기는 성장일기

일기만 한 글쓰기 훈련은 없습니다. 성공한 작가 가운데 일기를 꾸준히 쓰지 않은 사람은 드물 것입니다. 마찬가지로 자기 분야에 성공한 대부분의 아웃라이어들도 일기 쓰기를 중요한 일과로 생각하는 것을 확인할 수 있습니다. 앞서 소개한 간단한 축복일기 형식이라도 괜찮습니다. 하지만 일기에 기록할 만한 일은 생각보다 무척 많습니다.

나치의 공포 속에서 13세 안네 프랑크 역시 온 마음을 담아 일기를 적었습니다. 흔히 접할 수 있는 축약본과는 다른, 전문을 수록한 《안네의 일기》에는 일기에 대한 안네 프랑크의 솔직한 마음이 담겨 있습니다.

"생각해보면 나 같은 여자아이가 일기를 쓴다는 것은 참 희한한 일입니다. 지금까지 써본 적도 없을 뿐만 아니라, 나도 그렇고 다른 사람들도 그렇고 열세 살 난 여학생 따위가 마음속을 털어놓은 일기에 대해 흥미를 느낄 리가 없기 때문입니다. 하지만 그래도 상관없습니다. 나는 쓰고 싶습니다. 아니, 그뿐만이 아니고 마음속에 묻어두었던 것을 몽땅 털어놓고 싶습니다."

-《안네의 일기》, 안네 프랑크

일기를 잘 쓰게 하려고 부모님이 더 많이, 자주 개입하는 것이 좋을까요? 사실 거의 모든 어린이 글쓰기 책에서 부모의 개입이 필요하다고, 더 개입하라고 강조합니다. 하지만 이는 전후가 바뀐 이야기입니다. 아이가 누구의 개입도 없는데 자발적으로 일기를 쓰지 않는다면 오히려 무엇이 잘못일지 곰곰이 생각해보아야 하기 때문입니다. 강제로, 혹은 여러 가지 심리적 유인물로 아이를 이끄는 일에는 언제나 한계가 존재합니다. 안네 프랑크처럼 적어도 일기만큼은 스스로 자발적으로 적어야 하며, 그것은 부모님이 가장 관여하지 말아야 할 대상 가운데 하나입니다. 다른 글쓰기는 독려해볼 수 있겠지만 일기 쓰기만은 아이만의 비밀의 방으로, 자기 자신만의 공간으로 남겨둘 필요가 있습니다.

기성세대라면 많이들 기억하고 있을, 수 타운센드의 《에이드리언 몰의 비밀일기》는 왜 아이와 청소년에게 비밀 일기가 필요한지 잘 대변해줍니다. 사춘기 소년 에이드리언 몰의 다양한 고민들과 성장통을 다룬 이 소설이 전 세계 또래 청소년의 폭발적인 호응을 얻었던 것도 이런 욕구와 관계가 있습니다. 《해리 포터》의 저자 조앤 롤링도 이 소설이 자신에게 지대한 영향을 미쳤다고 고백한 바 있습니다. 아이들 그리고 청소년들은 누구나 아무에게도 드러내고 싶지 않은 비밀 이야기를 갖고 있습니다. 그리고 그 고민을 일기에 적으면서 자신의 상황과 삶을 좀 더 지혜롭게 이끌어갈 수 있습니다. 그러니 아이의 일기만은 비밀 공간으로 허락하는 지혜가 필요합니다. 아이 역시 하나의 개인이며, 인격체입니다. 부모라고 아이의 모든 것을 침범해서는 안 될 일이며, 아이가 비밀스럽게 일기를 적고 있다면 오히려 반기고 배려해주어야 합니다.

앞서 말했듯이 만약 아이가 스스로 일기를 적지 않고 있다면 오히려 그 이유를 고민해보아야 합니다. 부모님이 글쓰기 본능을 충족시키는 양육을 제대로 하지 못한 것은 아닌지, 아이가 지금 지나치게 많은 정보에 질식당하고 있는 것은 아닌지, 너무 많은 공부 양 때문에 번아웃이 찾아온 것은 아닌지, 부모의 간섭이 지나쳐 무기력해져버린 것은 아닌지, 혹은 충분히 읽고 충분히 사고할 시간적 여유나 상황이 마련되지 않은 것은 아닌지 곰곰이 성찰해보아야 합니다.

사실 아이가 일기를 쓰지 않게 되는 이유는 많지만, 반대로 아이가 스스로 일기를 쓰게 되려면 꽤나 많은 것들이 충족되어야 하고, 또 무르익어야 합니다. 그러니 일기 쓰기를 강제하지 말 것이며, 다만 이 책에 나오는 다른 여러 가지 글쓰기 활동으로 아이에게 글쓰기 충동이 조금씩 자라서 스스로 일기나 다른 창작 글을 쓰고 싶어 하는 마음이 생길 수 있도록 이끌어주는 것이 바람직합니다.

이 순간을 알아차리는
마음챙김 글쓰기

앞서 소개한 바 있는 마음챙김에 관한 글쓰기, 특히 좀 더 구체적으로 마음챙김을 돕는 글쓰기 방법에 관해 알아보겠습니다. 마음챙김은 아이의 주의력·지력 성장, 인성 함양, 창의성 계발 등 거의 모든 면에서 눈에 띄는 효과를 가져다주는 방법으로 세계적인 트렌드이기도 합니다. 그러나 전문가도 아닌 부모 혼자서 지도하기에는 엄두가 나지 않을 수도 있습니다. 그러나 마음챙김은 누구나, 어떤 마음 상태에서나 도전할 수 있는 마음 훈련법으로 전문가의 도움을 받는다면 더 좋겠지만 도움 없이도 얼마든지 자력으로 익힐 수 있습니다. 실제 배워보면 방법이 그리 어렵지 않다는 사실을 금방 알 것입니다. 일이 많아도, 지쳐 있어도, 생각이 많아도, 여유가 없을 때도 할 수 있는 것이 마음챙김입니다. 오히려 그럴 때, 다시 에너지와 자신감을 채워주는 활동이 마음챙김입니다. 마음챙김의 핵심은 휴식과 알아차림입니다. 아이와 함께 잠시 쉬며 이 순간 주변의 모든 것을 하나씩 알아차리려고 시도하면 됩니다. 또한 자신의 종교에 상관없이 누구나 할 수 있습니다.

마음챙김에서 가장 중요한 원칙은 다양한 시도를 통해 자신만의 방법을 찾는 것입니다. 그러니 무언가를 배운다고 생각하기보다는 자신만의 마음챙김 방법을 창조한다고 생각하는 편이 더 맞습니다. 지금 마음챙김 문화가 만개하고 있는 서구에서는 유아 시절부터 본격적으로 아이들에게 마음챙김을 가르치고 있습니다. 국내에도 아이들의 마음챙김을 도와줄 수 있는, 믿을 만한 관련 서적들이 하나둘 출간되고 있습니다.

마음챙김의 효과를 얻기 위해서는 매일 혹은 꾸준히 연습하는 것이 중요합니다. 다른 모든 일과 마찬가지로 마음챙김 훈련에도 인내와 끈기, 성실성이 필요합니다. 초등학생이라면 성인에 비해 손글씨를 쓰는 시간이 훨씬 많을 것입니다. 그런데 손글씨 쓰기는 그 자체로 뛰어난 마음챙김입니다. 마음챙김과 글쓰기, 이 둘이 결합하면 큰 시너지 효과를 낼 수 있습니다. 가령 서예는 고도의 마음챙김 활동입니다. 상담실에서 서예를 배우고서 아이의 산만함이나 인성 부족이 개선

되었다는 이야기를 자주 듣습니다. 그러니 손글씨 쓰기는 부모의 강압이 아닌 자발적인 경우에 한해 아무리 권해도 모자라지 않은 활동입니다. 또한 손글씨 쓰기는 그 자체로 뛰어난 두뇌계발법입니다. 연구에 따르면 손글씨 쓰기는 우리 뇌를 가장 깨어 있게 하고, 알게 된 사실을 장기기억으로 원활하게 보내며, 가장 효과적으로 기억하게 해주는 저장 기술입니다. 뇌 전체를 고도로 활성화된 상태로 이끄는 활동이라고 할 수 있습니다. 부모의 조급함만 다스릴 수 있으면, 아이의 바른 성장에 있어 손글씨 쓰기 활동만 한 것은 없습니다. 마음챙김 글쓰기를 위해서는 우선 부모의 내면부터 다스려야 합니다. 아이의 마음 속도를 최대한 늦춰주어야 하기 때문입니다.

급한 마음의 불을 끄고, 편안하고 느린 정신 상태로 아이를 이끌어야 합니다. "어서 빨리 해!"가 아니라 "조금 더 천천해 해보렴"이라고 말해줄 수 있어야 합니다. 《슬로싱킹Slow Thinking》의 저자 황농문 교수가 "1분밖에 생각할 줄 모르면 1분 걸려 해결할 문제밖에 못 푼다"고 말한 것처럼 아이의 생각 속도는 부모님이 가장 보호해주어야 할 대상입니다. 그러니 아이가 최대한 천천히 마음챙김을 할 수 있도록 도와주세요. 마음챙김을 현대화한 존 카밧진은 마음챙김의 7가지 자세를 말하고 있습니다. 이를 아이의 눈높이 맞게 풀어쓰면 다음과 같습니다.

1. "무엇일까 고민하지 마세요."—판단하려 하지 말라 (Non-judging).

   마음챙김을 하는 동안에는 '좋다' 혹은 '나쁘다' 같은 일체의 판단을 중지하는 것이 바람직하다.

2. "한 번 더 해볼까요?"—인내심을 가져라(Patience)

   처음에는 산만한 마음을 잡기 어렵지만, 긴 호흡으로 명상을 연습하고, 또 연습해본다.

3. "매번 할 때마다 새 마음으로 해봐요."—처음 시작할 때의 마음을 간직하라(Beginner's mind).

   선입견, 편견, 경직된 사고에서 벗어나 열린 마음으로, 마치 마음챙김 명상을 처음 시작하는 것처럼 임한다.

4. "자기보다 자기 마음을 잘 아는 사람은 없어요."—믿음을 가져라(Trust).

   자신은 자신이 가장 잘 아는 유일한 사람이라는 믿음을 가져야 한다.

5. "잘하려고 애쓰지 않아도 돼요."—지나치게 애쓰지 말라(Non-striving).

   명상의 목적은 '명상 그 자체'이다. 그저 순간순간 알아차리기에 마음을 두면 된다. 그러니 빨리 숙달되지 않는다고 자신을 다그칠 필요가 없다.

6. "지금 마음에 일어나는 것을 그대로 받아들여요."—수용하라(Acceptance).

일상을 있는 그대로 바라본다. 자기 안에서 떠오르는 생각에 맞서지 말고 그저 알아차리기만 한다.

7. "생각을 붙들지 말고 자유롭게 풀어주세요."—내려 놓아라(Letting go).

   머릿속에서 일어나는 생각 가운데 어떤 것에도 집착 하지 말고 그저 놓아둔다.

위의 사항들을 숙지했다면 아이와 함께 다음 지시에 따라 '들숨날숨 알아차리기'를 연습해보세요.

 들숨날숨 알아차리기
다음 지시 사항을 가급적 끊지 말고 부드럽게 이어서 따라해본다.

1. 허리는 곧게 펴고 두 다리는 포개지지 않도록 하여 앞, 뒤로 접어 정좌 자세로 방석 위에 앉는다(가부좌· 반가부좌·양반다리도 무관하다. 불편하다면 다리를 펴도 좋 다). 시선은 45도 바닥을 바라보는 느낌으로, 눈은 살며시 감고, 턱은 살짝 몸쪽으로 당긴다.

2. 양손은 손바닥이 천장을 향하게 하고 무릎 위에 놓는 다. 몸이 지나치게 긴장하지 않도록 주의한다.

3. 정수리-이마-눈-코-콧속으로 숨이 들어가고 나가 는 것을 느낀다.

4. 양볼-입술-양어깨-등-허리-엉덩이-양 손등-아랫배 순으로 차례로 주의를 기울이고 감각이 일어나고 사라지는 것을 알아차린다.

5. 아랫배에 주의를 기울이고 숨을 들이쉬고 내쉬며 아랫배가 부풀고 가라앉는 것에 주의를 기울이고 팽창과 수축을 느낀다.

6. 만약 생각이 떠오르면 생각에 빠지지 말고, 생각하고 있음을 알아차린다. 의도적으로 주의를 다시 아랫배로 가져와 아랫배의 부풂과 가라앉음을 계속해서 관찰한다.

7. 몸에서 강한 감각이 일어난다면 그 감각을 굳이 무시하지 말고 강한 감각에 주의를 기울이며 감각의 일어남, 변함, 사라짐을 부드럽게 알아차린다. 감각을 충분히 관찰했다면 다시 주의를 의도적으로 아랫배로 가져와서 아랫배가 부풀고 가라앉는 것에 집중한다.

8. 몸의 감각이나 생각을 알아차릴 때는 부드럽고 따스하게, 친절하게 알아차리도록 이끈다.

아이와 함께 들숨날숨 알아차리기를 한 후 느낀 점을 함께 이야기해보세요. 분석하거나 추리하지 말고 그저 순간순간 느낀 것만 말하면 됩니다. 시간이 날 때마다 여러 번 해보고 마음에 일어난 변화를 말하거나 글로 적어보면 좋습니다.

물론 이 정도의 체험만으로 마음챙김을 다 이해하기는 어렵습니다. 그러니 부모님부터 조금 더 마음챙김을 공부해보면 좋겠지요. 우선 MBC 다큐멘터리 〈마음챙김〉을 추천합니다(포털 사이트에서 검색하면 50분 동영상을 무료로 감상할 수 있어요). 그다음에는 샤우나 샤피로의《마음챙김》이나 마이크 앤슬리의《마음챙김에 대한 거의 모든 것》, 마크 윌리엄스의《8주, 나를 비우는 시간》같은 입문서로 조금 더 공부하면 좋겠습니다(이 중 입문서로는《마음챙김에 대한 거의 모든 것》을 추천합니다). 어느 정도 준비가 되었다면, 아이와 함께 다음과 같은 몇 가지 마음챙김 글쓰기에 도전해보세요.

마음챙김 글쓰기

1. 천천히 숨을 들이쉬고 내쉬며 호흡에 집중합니다. 편안한
   자세로 호흡을 다섯 번 반복합니다. 머릿속을 비울 수 있다
   면 최대한 비워보세요. 자, 지금 학교 혹은 가정에서 배우고
   있는 내용이 무엇이었는지 한번 떠올려보세요. 배우고 있
   는 내용을 몇 줄로 요약하거나 중요한 단어를 적어보세요.

2. 천천히 숨을 들이쉬고 내쉬며 호흡에 집중합니다. 편안한
   자세로 호흡을 다섯 번 반복합니다. 지금 어떤 감정들이 느
   껴지나요? 어떤 감정이라도 괜찮습니다. 그 감정들을 알아
   차리고 감정에 이름을 붙여보세요. 아픔이면 '아픔', 즐거
   움이면 '즐거움' … 그렇게 5가지 감정이 지나갈 때까지 마
   음을 떠내려가는 배처럼 편안하게 흘려보내세요. 5가지 감
   정이 지나간 뒤, 그 감정들을 하나씩 아래에 적어봅니다.

   (예: 걱정 → 힘듦 → 아픔 → 편안함 → 따뜻함)

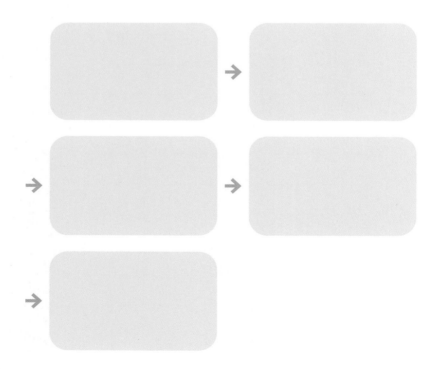

3. 천천히 숨을 들이쉬고 내쉬며 편안한 자세로 호흡을 다섯 번 반복합니다. 지금 떠오르는 생각들이 있다면 흘러가게 내버려둡니다. 마음이 편안해졌다면 나에게 소중하고 의미 있는 타인을 한 명 떠올려보세요. 그리고 이렇게 되뇌어 보세요. "○○에게 행복이 함께하기를, ○○가 평안하고 안전하기를, ○○에게 평화가 깃들기를!" 이렇게 두 번 정도 반복해 되뇌어봅니다. 그리고 이후 떠오르는 감정이나 느낌을 적어보세요.

4. 천천히 숨을 들이쉬고 내쉬며 편안한 자세로 호흡을 다섯 번 반복합니다. 지금 떠오르는 생각들이 있다면 흘러가게 내버려둡니다. 눈을 떠 앞에 놓인 사물 하나에 눈을 맞춥니다. 촛불, 화분, 과일 그릇 등을 미리 준비해둡니다. 편안한 마음으로 사물의 모양, 색상 등을 관찰합니다. 그리고 우주에 오직 그 사물만 있다고 상상해보세요. 눈을 깜박여도 좋습니다. 그 사물을 보려고 긴장할 필요는 없습니다. 세 번 정도 그 사물의 이름을 불러보세요. 이제 눈을 감고 잠시 쉽니다. 그다음 눈을 뜨고 어떤 느낌이 들었는지 간단히 적어보세요.

5. 아이와 함께 숲길이나 산책로를 걸어보세요. 휴대전화는 잠시 꺼두세요. 그리고 지금 걷고 있는 순간에 집중하면서 한 걸음, 한 걸음 천천히 걸어보세요. 발을 내딛을 때 땅에 닿는 느낌이 어떤지, 다리 근육의 움직임은 어떤지 느껴보세요. 발과 다리의 느낌에 집중하면서 조금 더 걷습니다. 걷는 동안 몇 발자국이나 내디뎠는지 살핍니다. 그리고 숨을 들이쉴 때는 '들이쉰다'라고 말하며 발을 내딛고, 내쉴 때는 '내쉰다'라고 말하면서 내디뎌 보세요. 발걸음에 맞춰 숫자를 1에서 10까지 세어보아도 좋습니다. 마음챙김 걷기를 마치고 그 느낌을 간단히 적어보세요.

아이와 마음챙김 훈련을 하다 보면 어느새 훌쩍 자란 아이의 모습을 발견하게 됩니다. 아이의 집중력과 심성, 창의력이 쑥쑥 자라는 것도 확인할 수 있습니다. 마음챙김을 통해 아이의 글쓰기 능력이나 학습능력을 키울 수 있는 것은 물론 마음챙김 활동 그 자체에도 큰 매력을 느낄 수 있을 것입니다. 마음챙김은 하나의 마음 상태입니다. 주변의 변화와 타인의 마음을 좀 더 잘 이해하고, 사물이 가진 깊은 이면을 보다 쉽게 통찰하는 능력을 가져다주는 마음의 방식입니다.

마지막으로 동기부여가 될 만한 이야기 하나를 소개할까 합니다. 미국의 뇌신경과학자들은 명상을 오래 훈련했을 때 우리 뇌에 어떤 변화가 생기는지 궁금했습니다. 미국 캘리포니아 주립대학교 연구팀은 명상이 뇌에 주는 효과를 알아보기 위해 꾸준히 명상을 해온 사람 22명과 그렇지 않은 사람 22명의 뇌를 고해상도 자기공명영상MRI으로 관찰해보았습니다. 명상을 한 쪽은 평균 24년 동안, 하루 10~90분간 명상을 했던 사람들이었습니다. 오랫동안 명상을 한 사람들의 뇌는 명상을 하지 않은 사람보다 컸고 뇌 능력도 뛰어났습니다. 이들의 뇌는 대뇌, 기억을 담당하는 오른쪽 해마, 감정 조절을 담당하는 안와전두피질 등의 크기가 다른 사람들보다 컸습니다. 물론 명상을 하지 않은 쪽에서는 이런 현상을 관찰할 수 없었습니다. 앞서 소개한 신경가소성 이론 즉 시냅스 연결과 확장의 원리를 가장 확실하게 증명한 사례이기도 합니다. 아이와 함께 마음챙김을 시작해보기 바랍니다. 꾸준히 연습한다면 아이는 물론 부모님도 여러 해, 몇십 년 후 커다란 의식의 변화와 마음의 성장을 경험할 수 있을 것입니다.

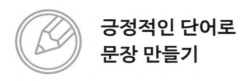

긍정적인 단어로
문장 만들기

철학자 비트겐슈타인은 "내 언어의 한계는 내 세계의 한계다"라고 했습니다. 저는 상담실에서 곧잘 마주하게 되는 비관적인 사람들(우울증의 주된 특성이 바로 비관성이기도 합니다)에게서 이 말의 의미를 확인하곤 합니다. 그분들과 대화를 하다 보면 비관적인 생각은 비관적인 말로 표현되고, 그 비관적인 말이 다시 비관적인 생각으로 이어지는 것을 봅니다. 반대로 자기 분야에서 존경할 만한 업적을 이룬 사람들과 대화를 나누어보면 그들의 언어에서 희망과 활기, 긍정이 가득 느껴질 때가 많습니다.

그러니 아이가 긍정적인 단어를 활용하도록 도울 필요가 있습니다. 특히 아이가 아직 어리거나 이제 막 한글을 배우기 시작했다면 '긍정적인 단어로 문장 만들기'를 해보면 좋습니다. 물론 책을 읽으며, 일상에서 예쁜 단어를 차근차근 배워나가는 것이 정석이겠지만 평상시 접하는 말 가운데서 긍정적인 단어나 표현을 찾기가 쉽지 않습니다. 또 그것만으로는 부족하기도 하고요. 그러니 아직 아이가 어리다면 일부러라도 좋은 말, 긍정어들을 가르쳐줄 필요가 있습니다.

글쓰기 치료 연구의 선구자인 제임스 페니베이커는 저서 《단어의 사생활》에서 우리가 쓰는 단어와 심리가 밀접하게 이어져 있음을 여러 근거를 통해 알려줍니다. 페니베이커는 글의 문맥이나 주제가 아니라 단어의 사용 빈도나 사용 여부만으로 그 사람의 성격과 무의식, 숨은 의도를 쉽게 파악할 수 있다고 말합니다. 말이 곧 그 사람임을 잘 알려준다는 이야기입니다.

그렇다면 반대로 아이가 긍정적인 단어를 사용하게끔 장려하고 이끌 수 있다면 아이의 마음을 밝고 건강하게 만들 수도 있을 것입니다. 아이가 평소 자주 쓰는 긍정적인 단어들 그리고 새롭게 배우는 긍정 표현들이 아이의 마음을 꽃처럼 아름답게 가꾸어줄 것입니다. 아이에게 다음과 같은 단어나 표현들을 찾아서 알려주세요.

물론 아이와 함께 사전을 찾아보면서 이보다 훨씬 더 많은 긍정적인 단어나 표현을 알려줄 수 있을 것입니다. 참, 아이가 한글을 배웠다면 가장 먼저 선물해야 할 책이 바로 한글 사전입니다. 한글 사전으로 아이와 함께 긍정적인 단어를 찾아보고 그 단어로 글짓기를 해보도록 도와주세요.

엄마: "지우야, 그럼 이제 '상냥하다'는 게 무슨 뜻인지 알겠지?
지우가 '상냥하다'는 말을 써서 글짓기를 해보면 좋겠어."

122

지우: "그럼, 얼마든지 할 수 있죠. '우리 지은이 이모는 무척 상냥해요.'"

엄마: "아, 우리 지우는 그렇게 생각하는구나. 지우가 그런 생각을 하고 있는 걸 알면 이모가 무척 흐뭇해하고 기뻐하겠구나. 그럼 지금 말한 대로 한번 적어보자. 나중에 지은이 이모한테 감사편지도 써보면 좋겠는걸."

부모님이 아이와 함께 자기만의 긍정적인 표현 사전을 만들어보는 것도 좋겠습니다. 좋은 말을 접착식 쪽지에 적어놓고 자주 보면서 외울 수 있게 해주세요. 가령 심리학의 아버지 윌리엄 제임스가 한 말인 "사람은 슬퍼서 우는 것이 아니라 울어서 슬퍼지고, 즐거워서 웃는 것이 아니라 웃어서 즐거워진다. 우리 세대의 가장 위대한 발견은 사람은 자기 마음을 고치기만 하면 자신의 인생까지도 고칠 수 있다는 것이다" 같은 명언들을 적어서 아이가 볼 수 있게 집 여기저기에 붙여주는 식으로요.

3장

시냅스 글쓰기 2단계:
상처 입은 마음 치유하기

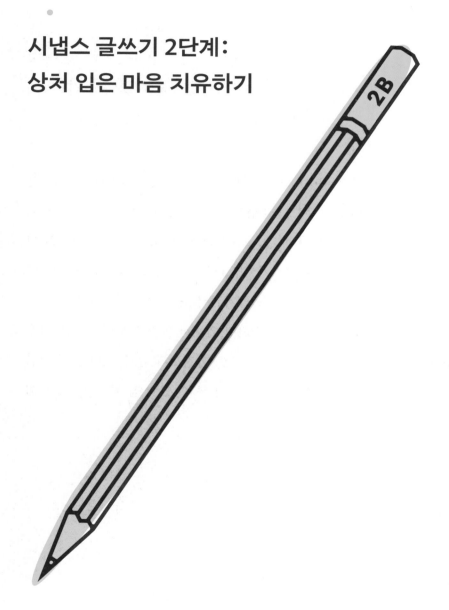

치유는 언제나 현재진행형

아이는 자라는 동안 수없이 마음을 다칩니다. 그럼에도 불구하고 아이가 잘 자랄 수 있는 것은 부모님이, 가까운 사람들이 아이의 상심한 마음에 치유의 말을 멈추지 않고 건네는 덕분입니다. 아이들의 다친 마음에 연고와 같은 말을 바르는 것이지요. 부모는 감지하지 못하나 아이의 마음은 거의 매일 상처를 경험합니다. 한집에서 사는 부모라 해도 아이가 마음을 다치는 일을 모두 막을 수는 없습니다. 부모님이 방관이나 무관심, 학대나 폭력을 일삼지 않는다 해도 아이는 언제든 상처 입을 수 있기 때문입니다. 이를테면 아이는 유튜브 동영상을 보다가도 쉽게 마음을 다칠 것입니다. 실제로 아이들이 성인이 되기까지 수많은 폭력물을 접하고 그로 인해 정신이 크게 훼손된다는 연구 결과도 있으니까요. 심지어 아이들이 볼 수 있도록 허가된 영상들조차도 전문적인 감수나 진단이 이루어지지 않은 채 부정적인 영향을 미치는 경우가 많습니다.

또는 욱하는 마음에 내뱉는 부모의 거친 말 한마디, 학원에서 친구에게 듣는 혐오나 비난의 말 한마디에도 아이는 쉽게 마음을 다칠 수 있습니다. 부모님이 신이 아닌 이상, 아이가 경험하는 크고 작은 상처들을 모두 알아차리고 남김없이 치유할 수는 없는 노릇입니다. 그러니 결국 치유를 쉬지 않고 계속할 수밖에 없습니다. 치유는 상시적이어야 합니다. 치유를 멈출 수는 없습니다. 치유를, 그저 어쩌다 생긴 불행한 일을 지워내는 특별한 일이라고 생각해서는 안 됩니다. 치유는 일상적인 활동이 되어야 합니다. 이는 절망적인 상황을 강조하려는 의도가 아닙니다. 우리를 둘러싼 많은 것들이 크든 작든 아이에게 비관성을 심어주고, 그리하여 낙관성을 떨어뜨리며, 결국 잠재력이나 성취동기에도 악영향을 미친다는 사실을 잊지 않았으면 하는 바람입니다.

공부 상처를 치유하는 글쓰기

아이의 공부를 위해서도 마음은 매일 수선해야 합니다.

심리학 석학 리처드 니스벳은《무엇이 지능을 깨우는가》에서 이 점을 잘 설명하고 있습니다. 특히 우리 사회는 아이들의 아프고 상처 입은 마음을 외면한 채 계속 학습과 의무 독서만 강요합니다. 그러다가 그만 아이의 마음이 돌이킬 수 없는 지경까지 이르도록 내모는 경우가 많습니다. 아이의 학습 실패는 대부분 여기에 해당합니다.

특히 가장 문제가 되는 것이 공부가 만들어내는 상처, 즉 공부 상처입니다. 아이들이 공부에 상처받고 그 때문에 공부할 마음이 사라지고 있음에도 여전히 부모와 사회는 그들에게 공부를 강요하고 있습니다. 부모님도 사회도 나름대로 사정이 있겠지만 어쨌든 아이 입장에서 보자면 지독한 공감능력의 부족입니다.

저는 학습 동기를 잃고 추락하는 아이들을 수없이 지켜봤습니다. 그래서 부모님들이 이 진실만은 꼭 알아주었으면 하고 바랍니다. 아이 스스로 공부하기 싫다고 느끼면 그 무엇도, 그 어떤 미끼로도 공부라는 큰 바다로 이끌고 갈 수 없습니다. 전작《시냅스 독서법》에서 아이의 뇌에서 책 읽기와 글쓰기 등 시냅스 연결망이 촘촘해져야 공부를 잘하게 된다는 원리에 대해 소개한 적이 있습니다. 그리고 시냅스들의 연결이 끊어져 아이 마음에 자리 잡은 학습애호감, 학습효능감, 학습성취감이 사라지면 얼마 지나지 않아 공들여 쌓아놓은 성적도 우르르 무너진다는 것에 대해서도 다양한 사례를 들어 소개한 바 있습니다.

그래서 아이의 글쓰기 교육을 할 때에도 일단 지금 우리 아이의 공부에, 독서에 문제가 생기진 않았는지 살펴야 합니다. 그리고 만약 문제가 있다면 당장 문제의 실체와 직면하는 것에서부터 실마리를 풀어나가야 할 것입니다. 그저 아이에게 "왜 공부 안 하느냐?" 하고 다그치기만 해서는 아무것도 나아지지 않습니다. 아이의 학습동기가, 학구열이, 학습애호감이, 독서애호감이 왜 이렇게 빨리 식었는지 그 원인부터 찾아야 합니다. 안타깝게도 잘못의 대부분은 부모에게 있으며, 또 얼마간 아이를 돌보는 이 사회와 교육에 존재합니다. 아이의 잘못이라고 해봐야 고작 몇 퍼센트 되지 않습니다.

아이 마음 속 상처를 찾는 방법

아이 마음에 얼마나 많은 상처가 들어찼는지 정확하게 살펴보는 일부터 시작해보기 바랍니다. 심리센터를 찾아 종합검사를 받는 것도 방법이지만 그럴 여건이 안 된다면 다음의 방법을 시도해보면 좋습니다. 아이 마음을 진단하고자 한다면 마틴 셀리그만의 저서 《낙관적인 아이》에 나오는 아동 낙관성 지수 테스트를 활용해보세요. 이를 통해 아이의 마음을 면밀하게 들여다봄으로써 아이의 낙관성과 마음의 상태를 비교적 수월하게 파악할 수 있습니다.

《낙관적인 아이》에는 아동 우울증 테스트도 함께 실려 있지만, 이 검사만으로는 아이의 현재 마음 상태를 모두 이해하기 어렵습니다. 아이들 대부분은 아픔을 애써 외면하고 자기 마음으로부터 도피하고 싶어 하지요. 그래서 낙관성 지수 테스트로 마음을 살피는 것이 훨씬 효과적입니다. 낙관성 지수 테스트는 어른이 해보아도 이 검사의 의도가 무엇인지, 도대체 검사를 통해 알고 싶은 것이 무엇인지 파악하기 어렵습니다. 그만큼 정확한 검사가 될 수 있다는 뜻입니다. 이 검사에서 아이는 10점 이상의 매우 낙관적인 상태로 나타날 수도 있지만, 마이너스 점수가 나올 만큼 낙관성이 크게 떨어지는 경우도 얼마든지 있습니다.

만약 우리 아이가 비관적인 심리 상태에 놓여 있다면 과연 무엇부터 시작해야 할까요? 비관성 수준과 우울증은 선후 관계에 놓여 있습니다. 아이가 비관적인 심리 상태라면 얼마 지나지 않아 우울증을 겪을 가능성이 매우 높습니다. 따라서 지금 당장에는 우울증이 없다고 해도, 비관적인 심리 상태를 보이는 아이라면 최대한 이를 치유하기 위해 노력해야 합니다.

연구에 따르면 한국 아이들의 낙관성은 나이가 들수록 점점 떨어져, 통상 정체성 위기를 경험하는 청소년기에 최저점까지 떨어졌다가 20대에 아주 조금 회복하는 것으로 드러났습니다. 20대가 되어서도 비관성이 좀처럼 사그라들 기미가 보이지 않는 청년들이 너무 많은 것이 현실입니다. 우리 청년 세대가 가진 깊은 비관성을 보여주는 연구나 조사는 무척이나 많습니다.

이는 물론 우리 사회만의 이야기는 아닙니다. 다른 서구 선진국이나 중위소득 국가의 행복도 역시 소득이 상승할수록 오히려 떨어지는 것으로 나타납니다. 경쟁과 양극화, 고립과 소통 단절이 심해지는 현대 사회의 폐해가 고스란히 아이, 청년 들에게도 악영향을 미치는 것입니다. 그런데 한국은 여기에다 무시무시한 대학입시까지 더해져, 아이들의 낙관성이 끝없이 떨어질 수밖에 없는 현실입니다. 심지어 중고생들을 상대로 한 조사에서 17.6퍼센트가 한 번 이상 자살까지 생각해본 것으로 나타났습니다.[*]

낙관성은 아이의 학업 성취나 진로와도 밀접한 관련이

---

[*]   http://www.bosa.co.kr/news/articleView.html?idxno=2088603

있습니다. 장기적인 관점에서 더 낙관적인 아이일수록 학업 성취가 높고, 진로 활동에서도 자신감을 갖기 때문입니다. 아이의 낙관성과 삶의 만족도가 좀 더 보호되면 될수록 아이의 삶이 성공적인 궤도를 밟고 자신의 잠재력을 온전히 펼칠 가능성이 커집니다.

문제를 직면하고 통찰했다면, 이제 치유에 나서야 합니다. 부모는 자신의 잘못된 대화 방식, 자식에게 심어주었던 잘못된 가치나 세계관을 냉정하게 성찰해보아야 합니다. 우선 존 가트맨의 《감정코칭》이나 마셜 로젠버그의 《비폭력대화》, 마틴 셀리그만의 《낙관적인 아이》와 같은 깊은 통찰을 담고 있는 대화 치유서들부터 살펴보세요. 그중 가장 추천할 만한 부모 지침서는 역시 마틴 셀리그만의 《낙관적인 아이》입니다.

부정적인 생각을 바로잡는 ABC 인지행동 모델 글쓰기

다소 어려운 일일 수 있지만 부모가 긍정심리학과 인지행동 치료에 관한 지식을 충분히 습득하고 있으면 아이 마음의 상처를 치유하는 데 매우 효과적입니다. 그중에서도 부모님이 가장 먼저 알아야 할 필수 지식은 인지행동 치료에 관한 것입니다. 심리학자들은 잘못된 생각, 비관적인 마음이 쌓이면서 정서적 문제로 드러난 것이 바로 우울증이라고 말합니다. 아론 벡과 함께 인지행동 치료를 최초로 정립한 앨버트 앨리스는 우리의 사고와 감정, 행동이 형성되는 'ABC 인지행동 모델'을 정식화합니다. ABC 인지행동 모델은 인간의 행동이나 감정이 만들어지는 순차적 과정을 표로 도식화한 것입니다. A는 우리가 살며 경험하는 선행사건Activating event, Antecedent을 나타내고, B는 이 사건을 나름대로 해석하는 자신의 신념체계Belief system를 뜻하며, C는 사건에 신념이 더해지면서 당사자에게 만들어지는 심리적·행동적 결과Consequence를 의미합니다.

우울증은 "나는 매번 잘못된 결과를 만들어", "나 같은 사람은 살 필요가 없어" 같은 비합리적인 신념이 점점 깊어지면서 생기는 질병입니다. 이 비합리적 신념을 심리문제를 일으킨다는 측면에서 '역기능적 사고'라고 부릅니다. 부모나 선생님, 상담가는 아이의 이런 비합리적 신념(역기능적 사고)을 합리적이고 정당한 논박Dispute으로 설득하면서 정상적인 심리로 회복시키는 효과Effect를 가져올 수 있어야 합니다. 다음은 대표적인 ABC 인지행동 모델의 사례입니다. 여러분도 함께 아이의 역기능적 사고를 어떻게 반박할 수 있을지 고민해보세요.

초등학교 3학년 지수는 오늘 단짝 연희와 함께 밥을 먹지

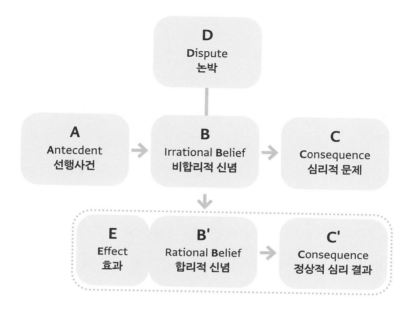

못해 몹시 실망했습니다. 다음은 지수가 오늘 겪었던 일들에 대해 스스로 생각하고 행동했던 결과입니다.

[선행사건]

내가 제일 친한 친구로 생각하는 연희가 오늘 자신에게 가장 소중한 친구가 내가 아니라 서현이라고 말하면서, 오늘부터는 점심 시간에 서현이랑 밥을 먹을 거라고 했다. 그리고 나와는 더 이상 이 야기를 하고 싶지 않다고 했다.

연희는 이제 나를 좋아하지 않는다. 아니 싫어한다. 연희가 서현이를 나보다 더 좋아하게 된 데는 이유가 있다. 서현이가 나보다 훨씬 예쁘고 또 옷도 잘 입기 때문이다. 또 공부도 더 잘한다. 대신 나는 예쁘지도 않고 옷도 잘 입지 못해서 아이들이 촌스럽다고 자주 놀리기도 한다. 내가 이야기를 하면 아이들은 아무도 관심을 두지 않는데, 서현이가 이야기하면 모두 관심을 가진다. 서현이가 연희와 친해진 것은 분명 서현이가 옷도 잘 입고 더 멋있기 때문일 것이다. 내 잘못인 것이다. 이제 반 친구들 전부 내가 더는 연희의 가장 친한 친구라고 생각하지 않는다.

[심리적 문제]

나는 오늘 밥을 먹기 싫었다. 나 혼자 밥을 먹으면 아이들이 나를 비웃을 것 같았기 때문이다. 그 생각을 자꾸 했더니 배가 더 아팠다. 선생님께 말하고 양호실에 가서 약을 먹었다. 나는 정말 바보 같고, 못난 아이 같다. 오늘은 내 인생 최악의 날이다.

이러한 사건은 아이들이 살아가며 흔히 겪을 수 있는 일입니다. 이 같은 비합리적 신념이 점점 더 마음속으로 파고들면 어느새 아이 마음에는 비관성, 비관적인 사고 패턴이 단단하게 자리 잡을 것입니다. 만약 이런 사실과 아이의 속마음을 눈치챘다면 부모는 이 문제에 개입해 조심스럽게 치유적 대화를 건네야 합니다. 그리고 아이와 대화를 잘 나누고 난 뒤 아이에게 '다시 한번 생각해보기' 일기를 적게 해주면 좋습니다. 이는 부모님이 해줄 수 있는 최선의 치유 방법 가운데 하나입니다.

앞서 소개한 책들 외에도 하임 G. 기너트의《부모와 아이 사이》나 에드워드 L. 데시의《마음의 작동법》, 앤드류 뉴버그의《왜 생각처럼 대화가 되지 않을까》같은 대화법 명저를 통해 대화의 기본을 익힌다면 좀 더 부드럽게 아이와의 대화를 이끌어갈 수 있을 것입니다. 시중에 대화법 관련 양육서가 넘쳐나지만 아까운 시간을 정확하지도 않은 정보를 읽는 데 허비하기보다는 깊은 통찰이 담긴 권위 있는 책으로 접근해보기를 적극 추천합니다.

만약 아이가 스스로 자신의 비합리적 신념을 잘 바꾸지 못한다면 부모님이 생각의 반전을 일으킬 수 있도록 적절한 정보나 이해, 통찰을 제공해주는 것도 필요합니다. 심리치료의 대부분을 차지하는 것도 바로 인지 교정입니다.

그날 저녁, 지수 엄마는 아이의 다친 마음을 다독거리기 위해 지수와 긴 대화를 나누었습니다.

"응 그렇구나. 우리 지수에게 오늘 그런 일이 있었구나. 오늘 내내 표정이 어두웠던 게 다 그 일 때문이었구나. 엄마도 많이 마음이 아파. 우리 지수, 많이 속상했지?"

"응 지금도 마음이 무척 아파. 엄마, 내일 학교에 가서 어떻게 해야 할지 모르겠어."

"하지만 엄마가 보기에 진짜 잘못은 연희한테 있는 것 같아."

"무슨 말이야? 아냐, 내가 못나서라니까."

"전에는 연희가 지수가 제일 친한 친구라고 말하고 항상 밥도 같이 먹었잖아?"

"그런데 이제 더 이상 나랑 밥을 먹지 않겠대. 이제 내가 싫어진 거야."

"엄마가 보기에는 연희가 예의를 지키지 않고 우정에 대해서도 잘 모르는 것 같아."

"무슨 말이야? 엄마."

"원래 친구 사이에는 예의를 지키는 것이 무척 중요해. 꼭 친구 사이가 아니라도 사람 사이에는 최소한의 예의를 지켜야 하지. 설사 연희가 서현이가 좋아졌다고 해도 그런 식으로 행동한 건 옳지 못해. 연희는 아직 우정이나 사람 간의 예의를 잘 모르는 것 같아. 친구 사이라면 더더욱 서로를 존중하는 말과 행동을 해야 하거든."

"응, 그럼 엄마는 연희가 나쁜 아이라서 그런 거란 말이지?"

"이 일만 가지고 나쁜 아이라고 단정할 수 없지만, 이번만은 분명 큰 실수를 했다고 생각해. 지수가 이 점만은 연희에게 당당하게 말해도 좋을 것 같아. 네 행동은 잘못이라고 말이지. 사실 연희가 지수를 좋아한다고 해도 셋이 사이좋게 밥을 먹을 수 있잖아.

"응, 엄마. 무슨 말인지 알겠어. 하지만 그래도 오늘 일이 나는 무척 슬퍼."

엄마는 지수에게 오늘 일어난 일을 한번 글로 써보라고 권했습니다. 그래서 지수는 '다시 한번 생각해보기'라는 제목으로 일기에 이렇게 적었습니다.

ABC 인지행동 모델 글쓰기

다시 한번 생각해보기

최근 나에게 일어난 일 가운데 최악은 오늘 연희가 더 이상 나랑 밥을 같이 먹지 않고, 이제부터 서현이랑 먹겠다고 한 일이다. 하지만 생각해보니 반드시 최악의 사건은 아니다. 김연희는 변덕스럽게도 오늘 서현이에게 갔다. 나도 이제 미련이 없다. 어쩌면 김연희가 오늘 나를 떠난 건 내게 잘된 일인지도 모른다. 그렇게 변덕스럽고 우정의 '우' 자도 잘 알지 못하는 아이와 계속 친구를 하는 건 나에게도 전혀 좋지 못한 일이니까. 엄마가 진정한 우정은 의리를 지키는 것이라고 한 말이 위로가 많이 되었다. 이제 친구를 사귄다면 연희처럼 우정을 잘 모르는 아이 대신 친구 사이에 예의와 믿음을 잘 지키는 진짜 친구를 사귀었으면 좋겠다. 오늘 온종일 무척 속상했지만, 엄마가 저녁에 해준 이야기 덕분에 지금은 마음이 많이 풀렸다. 다시 마음을 다잡고 내 일을 열심히 해보기로 마음먹었다.

힘들었던 일에서
느낀 점 찾아보기

이이와 함께 쓰는 마음일기를 만들어보세요. 아이의 학년에 맞게 노트의 사이즈를 정하면 좋겠습니다. 맨 위에 부모님이 다음의 예시와 같이 직접 적어주거나 프린트해 붙여주세요. 힘들었던 일이 있었다면 아이가 그것을 솔직하게 적고 부모와 함께 문제를 해결해나가기 위한 글쓰기 노트입니다.

오늘의 힘든 일 적기

오늘 예빈이에게 있었던 힘든 일을 적어보세요. 그때 느낀 것들을 떠올려보세요. 그림으로도 나타내보세요.

_____

_____

_____

_____

_____

_____

_____

_____

아이가 좀 더 적극적이고 솔직하게 글쓰기를 원한다면
다음의 10가지 사항을 잘 지켜주세요.

 적극적이고 솔직한 글쓰기를 위한 10가지 방법

1. 노트 적기를 강요하지 않는다.

2. 빨리 쓸 것을 다그치지 않는다.

3. 편안한 분위기에서 쓸 수 있도록 유도한다.

4. 쓴 내용에 대해 꼬치꼬치 캐묻지 않는다.

5. 사건에 대한 감정을 적지 않으려고 한다면 넌지시
   "그때 어떤 느낌이었어?" 같은 질문을 건넨다.

6. 글쓰기를 마친 후에는 "많이 힘들었지?", "무척 속

상했겠구나" 등과 같이 아이의 감정을 읽어준다. 나아가 감정코칭을 해준다.

7. 힘들었던 자신에게 위로의 말을 건네보라고 한다.

8. 글쓰기를 마친 후 아이를 꼭 안아준다.

9. "걱정 마. 엄마(아빠)는 항상 네 편이니까"라고 말해준다.

10. 아이가 적은 내용을 토대로 아이에게 어떤 일이 있었을지 생각해본다(아이가 겪은 모든 사태를 총체적으로 파악하기 어렵고 통찰하기도 어려우므로 절대 탐문하지는 말아야 한다. 부모님이 모른다면 아이 역시 직접 그 일을 겪었다고 해도 사태를 제대로 이해하고 있지 못할 수 있다).

나는 그 일에서 왜 그런 감정을 느꼈을까?

앞서 소개한 것처럼 아이가 선행사건에 대해 비합리적 신념을 갖게 되면 이것이 부정적 심리로 나타납니다. 거의 모든 부정적 감정은 이런 과정을 통해 도출됩니다. 하지만 아이들은 어른들에 비해 자신의 감정에 대해 잘 통찰하지 못하기 때문에 우선 아이와 함께 자신의 감정을 탐색하고 이해하는 시간을 충분히 가져보는 것이 좋습니다.

가장 효과적인 방법은 '감정 카드'를 이용하는 것입니다. 감정 카드는 시중에서도 쉽게 구입할 수 있습니다. 가급적 감정의 종류가 많고, 믿을 만한 기관에서 제작한 것이라면 좋겠습니다. 감정의 이름과 함께 사람의 표정이 표시된 카드면 더 좋습니다. 앞에는 표정, 뒤에는 감정 이름이 적힌 형식이 일반적입니다. 감정 카드를 이용해 아이와 함께 오늘의 감정 찾기 놀이를 해보세요. 일과를 마치고, 저녁 시간에 이 놀이를 하면 좋겠습니다. 스트레스에 시달려 날카로워졌던 마음을 이완해주는 효과도 있습니다. 아이는 여러 장의 감정 카드 중에서 몇 장을 고를 것입니다.

감정 카드

감정 카드 중 아이가 '슬픔' 카드를 뽑았다고 해보죠. 그러면 다음 도표에 슬픔을 느낀 이유를 찾아 적어보게 합니다.

오늘 생긴 일   그 일이 생겼을 때 나의 생각

오늘의 감정

감정과 그 원인 찾기 활동을 통해 아이는 오늘 느꼈던 감정이 생긴 이유를 어렴풋하게나마 깨닫게 됩니다. 이를 '감정 이해력'이라고 칭합니다. 오늘 어떤 일이 생겼고, 그 일에 대해 자신이 어떻게 생각했고, 그 결과로 어떤 감정을 느꼈고 어떤 행동을 했는지 스스로 이해하게 되는 것입니다.

물론 그 사건에 대한 생각과 감정이 긍정적이라면, 그 감정을 더 음미할 수 있도록 여러 가지 도움을 주면 좋을 것입니다. 그에 관한 그림일기를 그리거나, 관련된 노래를 듣거나, 그 상황을 연극이나 춤으로 표현해보는 식으로요. 관련된 책을 읽는다면 더욱 좋겠지요. 하지만 문제는 그 감정이 부정적일 때입니다. 그때는 이 감정 찾기 놀이를 통해서 아이와 함께 부정적인 감정의 원인을 추적해보아야 하는데, 글을 쓰는 것이 가장 유용한 방법입니다.

감정의 원인을 찾다 보면 어느새 부정적 감정의 크기도 줄어들 것입니다. 아이가 '그때 그렇게 화낼 일이 아니었던 것 같아' 하고 생각하며 자신의 감정에 관한 합당한 평가를 내리는 경우도 있습니다. 그리고 다음에 이어지는 '힘들고 고민되는 일에 대해 다시 생각해보기' 활동을 통해 아이의 마음속에 생긴 비합리적 신념이 굳어지지 않도록, 바른 생각으로 변할 수 있도록 격려와 조언을 건네볼 수 있습니다.

힘들고 고민되는 일에 대해
다시 생각해보기

아이와 이 단계까지 왔다면 당신은 이미 글쓰기 치유의 9부 능선까지 올라섰다고 할 수 있습니다. 고지가 얼마 남지 않았습니다. 비유하자면, 아이의 무의식으로 넘어갈 뻔했던 비관성의 큰 덩어리 하나를 지금 꽉 붙들어 무의식으로 떨어지지 못하게 막고 있는 상태라고 할 수 있습니다. 자, 이제부터 집중해야 합니다. 아이가 느끼는 부정적 감정과 비합리적 신념을 파악했다면, 그 생각과 감정을 합리적이고 건강한 생각으로 바꾸어주어야 하는 것입니다.

이 과정에 관해 좀 더 자세히 알고 싶다면 마틴 셀리그만의 《낙관적인 아이》를 참고해 그 원리를 충분히 숙지하기 바랍니다. 앞서 보았던 엄마와 지수 사이의 대화 같은, 아이의 부정적 사고를 바로잡아주는 대화를 나누는 것이 우리의 목표입니다.

그러나 아이에게 힘들었던 일은 하나둘이 아닐 것입니다. 어쩌면 이 활동을 하면서 아이에게 하루에 부정적인 사건, 부정적인 감정이 이렇게까지 많았던가 하는 자각에 깜짝 놀랄지도 모릅니다. 힘든 일 하나하나를 모두 주제로 삼아 다시 적어보기를 하는 것 자체가 어려운 정도일 수도 있습니다. 부정적 감정 역시 연쇄 반응을 일으킵니다. 기분이 상하는 사건이 한 번 생기면 이어지는 일들에서 반복적으로 부정적 감정을 느끼기 쉽습니다. 다시 말해 온종일 부정적 감정의 소용돌이에 시달리게 되는 것입니다.

그래서 고안된 것이 바로 '반추 일지'입니다. 반추 일지에 관해서는 정신과 의사 스티븐 일라디의 책《나는 원래 행복하다》에 잘 소개되어 있습니다. 반추 일지는 오늘 있었던 여러 가지 힘들고 좋지 않은 일을 일지 형식으로 정리해보는 방법입니다. 자신에게 생긴 나쁜 일에 대해서 계속 반추하는 내용들을 일지 형식으로 간단하게 정리하는 것입니다.

심리학에서는 힘들고 우울할 때, 우울한 생각과 기분에 사로잡히거나 후회될 만한 일을 하고 난 후에, '그때 ~하지 말았어야 하는데' 하며 반복적으로 특정 사건, 자신의 기분에 대해 떠올리는 행위를 '반추rumination'라고 부릅니다. 그러니 반추의 내용 중에는 어제오늘 일어난 일뿐 아니라 꽤 오래전, 몇 해 전, 몇 달 전에 일어난 일도 있을 것입니다. 우울증에 걸리는 사람은 다른 사람에 비해 나쁜 일을 비관적으로 반추하는 빈도가 훨씬 높습니다. 반추 일지를 적으면 그 일에 대해 냉정하게 사고하는 시간을 가질 수 있어서 부정적 감정을 줄이는 데 큰 효과가 있습니다.

잠깐 여기서 꼭 알아야 할 뇌과학 지식 하나를 살펴보고 가면 좋겠습니다. 왜 반추 일지를 쓰면 우울감에서 더 빨리 벗어날 수 있는지는 인간의 뇌 구조, 의식의 구조를 알면 쉽게 이해할 수 있습니다.

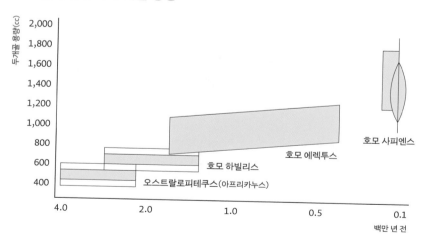

원시 인류의 두개골 용량

표에서처럼 지난 600만 년간 인간의 이성 뇌(대뇌피질)는 거의 2배 가까이 커졌습니다. 이는 다른 종과 비교하면 기적에 가까운 변화입니다. 그러나 인간 자신은 이렇게 빠르게 커진 뇌에 잘 적응하지 못했습니다. 사람들은 모두 뛰어난 이성 뇌를 가지고 있음에도 이 이성 뇌를 잘 사용하지는 못합니다. 이성 뇌로 다른 뇌 부위를 잘 통제하지도, 다른 뇌와 이성 뇌 사이를 잘 연결하지도 못합니다. 좋은 도구를 가져도 사용하는 사람에 따라 차이가 큰 것입니다. 인간 뇌는 비록 머리 안에 한 덩어리로 자리하고 있지만, 서로 잘 통하지 않는 세 부위로 쪼개져 있다고 생각하는 편이 낫습니다. 현대의 많은 심리학·경영학 이론이 이런 뇌의 특성에 주목합니다.

인간의 뇌를 구성하는 3개의 층

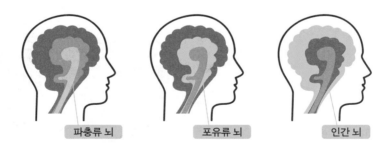

| 파충류 뇌 | 포유류 뇌 | 인간 뇌 |

우리의 뇌는 안쪽부터 파충류 뇌, 포유류 뇌 그리고 인간 뇌까지 3개의 층으로 구분할 수 있다.

그림처럼 뇌는 인간(이성) 뇌, 포유류(감정) 뇌, 파충류(생명) 뇌라는 세 부위로 나뉘어져 있고, 이 셋이 서로 잘 협력하지 않을 때 종종 포유류 뇌, 파충류 뇌의 충동적이고 발작적인 난동에 휘둘리면서 일상과 인생 전반이 엉망진창이 되고 맙니다. 우리는 종종 이 이성 뇌가 제대로 작동하지 못하는 상황을 경험합니다. 그래서 인간을 '코끼리 위에 올라탄 기수'에 자주 비유합니다. 거칠게 난동을 피우는 코끼리 위에 올라탄 기수가 아무것도 하지 못하는, 난처한 상황을 떠올려보세요. 그 때문에 끔찍한 경험을 할 때도 많습니다.

꼭 난동을 부리는 것이 아닌 편안한 상태일 때도 우리는 착각과 오해에 쉽게 빠져들 수 있습니다. '인지 편향'에 관련된 사실을 찾아보면 우리 인간이 너무도 쉽게 어리석은 생각에 빠진다는 사실을 알게 될 것입니다. 이는 감정 뇌에 이성 뇌가 조종당하기 쉽기 때문입니다.

그러니 누구라도 이 세 부위의 뇌를 서로 잘 연결하는 법, 즉 기수에 해당하는 이성 뇌가 나머지 포유류 뇌와 파충류 뇌를 잘 다스리는 법을 배워야 하는 것입니다. 우리가 잘 알고 있듯이 독서, 글쓰기, 공부, 심리치료, 명상, 서예, 무도武道 등은 코끼리를 훈련하고 자제력을 키우는, 잘 입증된 효과적인 방법들입니다.

특히 글쓰기는 춤추는 코끼리를 잠시 진정시키고 기수

가 모든 상황을 제어할 수 있도록 통제권을 되찾아오는 강력한 도구입니다. 부정적 생각을 반추하는 일은 우울증의 증상입니다. 우울증이 없더라도 부정 정서를 점점 더 키우는 좋지 못한 생각 습관입니다. 반추 일지는 반추라는 코끼리의 '제멋대로 춤'을 이성 뇌가 잘 타일러 진정시키는 역할을 합니다.

아이와 함께 주기적으로 반추 일지를 써보세요. 날짜가 바뀔 때마다 색연필로 줄을 그어 표시해주세요. 처음에 반추가 많았던 아이라도 꾸준히 반추 일지를 쓰다보면, 반추의 양이 크게 줄어드는 것을 확인할 수 있습니다.

반추 일지

날짜와 시간	좋지 않은 생각	그때의 감정	다시 생각해보기
4월 3일 3시쯤	어제 발을 다쳐서 울었던 일	몹시 슬프고 짜증이 났다.	이제 발이 나아서 아프지 않다. 지나고 보니 별일 아니었다.

부정적인 경험을 통해
바뀐 생각 적어보기

다시 생각해보기 일기

특히 아이가 심하게 상처받을 만한 일이 생겼다면, 피치
못하게 트라우마에 가까운 나쁜 경험을 하게 되었다면, 적극
적이고 선제적으로 아이의 인지 교정을 도와야 합니다. 이때
앞서 소개했던 다시 생각해보기 일기를 활용하면 좋습니다.
부모님이 아이와 힘들었던 일에 대한 이야기를 충분히 나눈
뒤, 대화를 통해 얻게 된 긍정적인 생각을 아이 스스로 일기
에 적어보는 것이지요.

이때 몇 가지 가이드라인을 제시하면 좀 더 잘 적을 수 있
습니다. 다음은 '다시 생각해보기 일기'를 쓸 때 부모님이 알려
주어야 할 것들입니다(이 부분에 대한 좀 더 자세한 내용은 데이비

드 번스 박사의 《필링 굿》, 《패닉에서 벗어나기》, 《관계 수업》을 참고해보기 바랍니다).

아이들에게 꼭 알려주어야 할 바르게 생각하는 법 10가지

1. 어떤 일을 바라보는 방법은 하나만 있는 것이 아니라 여러 가지가 있다. 예를 들어 홍수가 나면 농민들은 피해를 입지만, 강의 델타 지역에는 비옥한 충적토가 생기는 것처럼 말이다. 따라서 문제를 해결하는 방법도 여러 가지임을 인식한다.

2. 모든 사람은 자신의 개성을 가지고 있고, 서로 상황이 다르며, 다양한 생각을 할 수 있다.

3. 세상에 절대적인 것은 없으며 우리의 생각과 감정은 항상 변한다. 아이에게 순간순간 변하는 감정의 특징에 대해 예를 들어 알려준다. "방금 전까지 이런 기분이었지. 그런데 지금은 또 이런 기분이잖아."

4. 서로 반대가 되는 2가지가 모두 옳을 수 있다. 골을 넣으려는 공격수와 이를 막으려는 상대편의 수비수는 모두 옳은 일을 하고 있는 것이다.

5. 이것 혹은 저것 2가지 중에 하나만 선택해야 하는 것은 아니다. 중간 어디쯤에 답이 있을 때도 있다. '이것 아니면 저것 중 하나' 대신 '이것과 저것 2가지 모두 다'라고 생각해본다. 흑백논리는 금물이다.

6. 하나의 대상도 여러 각도에서 입체적으로 바라보아야 한다.

7. '반드시 ~해야 해'라고 생각하고 있다면 '왜 그래야 하는 걸까?' 하고 되물어본다. 꼭 그렇게만 해야 하는 것이 아닐 수도 있다. 법과 도덕, 양심을 어기는 일이 아니라면 무슨 일이든 상관없다.

8. "꼭 그렇게 해야 해" 대신 "지금 나는 이렇게 느껴. 이런 감정이 생겨"라고 말하게 한다.

9. 다른 사람이 무슨 생각을 하는지 나는 다 알고 있다고 확신하지 않는다.

10. 다른 사람이 내가 생각하는 것을 모두 알고 있다고 기대하지 않는다.

다시 생각해보기 일기

다음에 나오는 질문들을 떠올리며 다시 생각해본 내용을 솔직히 적어보세요.

· 있었던 일에 대해 혹시 자신의 감정이나 행동이 지나친 건 아닌지, 한쪽으로 치우친 건 아닌지 생각해봅니다.

· 혹시 그런 생각이 들었다면 무엇 때문이었나요? 시간, 사람, 장소, 원인이 될 만한 일이 있었나요?

· 그때 나는 어떤 감정이 들었고 어떻게 행동했나요?

· 그때 나는 어떤 생각을 하고 있었나요?

· 부모님과 함께 대화하며 생각이 어떻게 달라졌나요?

· 한쪽으로 치우친 생각을 할 때와 균형 잡힌 생각을 할 때,
  결과는 어떻게 달라질까요?

닮고 싶은 인물의 삶을 따라가는 모델링 글쓰기

비관적인 사람은 이렇게 자주 말합니다.

"아, 또 이런 일이 생겼군. 모두 내 잘못이야. 나에겐 왜 매번 이런 일만 생기는 거지. 이런 일이 또 일어난 걸 보면, 앞으로 내가 하는 일 모두 잘되기는 글렀어."

하지만 과연 그럴까요? 좋은 일이 있으면 나쁜 일도 생기는 법, 인간사 새옹지마, 힘든 시절이 지나면 또 좋은 일이 생기는 것이 인생입니다. 무엇보다도 아이의 마음에서 이런 생각이 일어나고 있다면 이는 무척 안타까운 일이며, 시급히 고쳐주어야 할 문제이기도 합니다. 우선 어쩌다 아이가 이런 생각까지 하게 되었을까 고민하고 자성해보아야 합니다. 그리고 힘든 일이 닥쳤을 때 이렇게 생각하도록 유도해주는 것이 합당합니다.

"이번 한 번 그런 거야. 다음엔 더 좋을 거야. 나는 노력하는 사람이거든. 늘 성장하는 사람이거든. 세상 일이 모두 내 탓도 아니야. 진인사대천명. 열심히 해보고 결과를 기다려보자고. 좋은 일이 또 생길 거야."

어떻게 하면 이런 마음을 가질 수 있을까요? 물론 가장 좋은 것은 직접적인 경험입니다. 그러나 모든 것을 몸으로 배울 수는 없기에 간접 체험을 통해서도 이런 생각을 익혀야 합니다. 실패를 딛고 성공에 이른 이야기가 바로 이때 필요합니다. 픽션, 논픽션 어떤 것이라도 상관없습니다. 아이는 그 이야기에서 역경을 견디고 자신이 원하는 것을 끝내 이루어내는 투지를 배울 것입니다.

이때 알아두면 좋은 한 가지 중요한 심리 원리가 있습니다. 바로 긍정적인 사고가 진취적인 도전을 이끌고, 진취적인 도전이 자신만의 성공을 만들어낸다는 사실입니다. 최근 주목받는 심리 이론이 있습니다. 심리학자 바버라 프레드릭슨

이 긍정과 부정의 황금비율을 수학적으로 밝혀낸 가설로 우리 내면에서 긍정과 부정의 비율이 3 대 1 이상일 때 수행력이 가장 뛰어나다는 이론입니다. 이른바 '확장 및 축적 이론 The broaden-and-build theory'이라고 부르는데요. 긍정 정서는 개인의 발전과 성장에 지대한 영향을 미치는데, 긍정 정서가 클수록 사고와 행동의 폭이 넓어져 더 많은 일에 도전하고, 그로 인해 능력과 내적 자원이 계속 쌓이면서 남보다 더 크게 성장한다는 것입니다. 이는 아이의 양육과 발달에 그대로 적용해볼 수 있습니다. 아이의 마음에 부정 정서보다 긍정 정서가 3배 더 많다면 아이는 자신의 잠재력을 한껏 펼쳐나갈 것입니다.

이런 이치를 배울 만한 이야기들이 무척 많습니다. 뛰어난 치유서로 평가받는 루시 모드 몽고메리의 소설《빨강 머리 앤》은 긍정감을 바탕으로 멋진 결실을 만들어가는 과정을 훌륭하게 형상화하고 있습니다. 주인공 앤 셜리는 10세까지 고아로 지내다 초록색 지붕 집에 사는 매슈와 마릴라 남매에게 입양됩니다. 하지만 착오가 있었지요. 두 사람은 농장 일을 도와줄 남자아이를 원했는데 실수로 여자아이인 앤이 오게 된 것입니다. 결국 앤은 다시 고아원으로 돌아가야 했고, 크게 낙담합니다. 그런데 마릴라 아줌마와 마차를 타고 쓸쓸히 초록색 지붕 집을 떠나 고아원으로 돌아가던 앤은 뜬금없이 이런 말을 합니다. "전 이 드라이브를 마음껏 즐기려고 결심했어요. 제가 즐기겠다고 마음먹으면 항상 전 그 일을 즐길 수 있었거든요." 고아로, 남의 집 식모로 힘들게 살면서 이렇게 아름다운 꽃길을 마차를 타고 가본 적이 없었던 앤은 이 멋진 기회를 온전히 즐기고 싶다고 생각한 것입니다. 심지어 지금 고아원으로 돌아가고 있는데도 말이죠.

모두가 알다시피 다행히도 앤은 다시 초록색 지붕 집의 가족이 되고 멋진 삶을 이어갈 수 있게 됩니다. 그리고 이후로도 앤이 순간순간 보여주는 놀라운 긍정감은 읽는 이의 눈을 번쩍 뜨이게 할 정도로 내내 마음을 사로잡습니다. 내 아이를 앤처럼 키울 수만 있다면, 살면서 아이는 크고 작은 난관 앞에서 굴하지 않고 용감하게 극복해나갈 것입니다.

《빨강 머리 앤》과 같은 명작 문학작품에는 강력한 모델링modeling 효과가 있습니다. 여기서 '모델링'은 교육학 용어로 어떤 사람이 다른 사람의 사고, 태도 또는 행동을 관찰, 모방해 자기 삶의 변화에 긍정적 동인으로 삼는 것을 말합니다. 심리학자 앨버트 반두라는 이런 모델링이 성공하기 위해서는 무엇보다 학습자가 그 모델에 집중하고, 모델을 잘 숙지하며, 모델을 따를 내적 능력을 갖추고, 그 과정을 이끌 만한 내적 동기를 갖추어야 한다고 했습니다. 문학작품의 감상과 독후 활동이 자라는 아이들에게 미치는 가장 큰 영향력은 바로 모델링입니다. 작품 속의 다양한 주인공들을 보고 느끼며, 때로는 주인공을 자신과 동일시하며 작품에 대한 자신만의 해석을 만들어가다 보면 어느새 자기 삶의 모델을 구축하고, 이는 아이에게 중요한 성장 동력이 되는 것입니다. 루이스 캐롤의《이상한 나라의 앨리스》, 미하엘 엔데의《모모》, 루시 모드 몽고메리의《빨강 머리 앤》, 로버트 루이스 스티븐슨의《보물섬》등을 읽으며 아이들은 모델링을 통해 정체성과 자아 개념을 구축합니다.

책을 읽으며 주인공이나 그 인물이 자신의 힘든 일을 멋지게 이겨낸 모습들을 떠올려보세요. 그중에서 가장 중요하다고 생각하는 8가지만 간추려보세요. 시간 순서대로 적어보고 주인공이 힘든 일을 이겨낼 때 어떤 마음가짐이었을지 상상해봅니다. 작품이나 책에 그 내용이 나온다면 찾아서 함께 적어보아도 좋습니다.

마음을 도닥이는 글귀 따라 적기

저는 상담실에서 만난 부모님들에게 일찌감치 아이에게 책에 라벨링하는 습관을 가르치라고 일러드리곤 합니다. 빠르면 빠를수록 좋습니다. 매우 소중한 독서 습관이자 공부 습관이기 때문입니다. 어릴 때 라벨링하는 법을 익힌 아이들은 성장하면서 이 방법을 매우 유용하게 활용할 것입니다. 라벨링을 가장 적극적으로 활용한 대표적인 사례가 바로 다산 정약용입니다. 다산 선생은 단순 필사도 힘들 만큼 방대한 저작을 남긴 것으로 유명한데, 특히 여러 권의 책을 번갈아보며 관련된 주제나 연결되는 것들을 한데 모아 글로 표현하는 방법을 즐겼습니다.

이를 위해서는 먼저 책 한 권을 꼼꼼하게 읽어 완전히 자기 것으로 소화하는 일부터 해야 합니다. 그 과정에서 중요하거나 유용한 내용들을 잘 표시해두었다가 책을 쓰거나 어떤 문제를 고민할 때 이를 활용해야 하는데, 이때 바로 라벨링의 기술이 필요합니다. 라벨링의 기초는 즐겁게 읽은 책, 감동적으로 완독한 책의 곳곳에 흔적을 남기는 것입니다. 그런데 라벨링의 기술은 꼭 무엇을 공부하겠다는 목표를 가졌을 때보다 취미로, 즐겁게 진심으로 하는 독서에서 시작해야 습관으로 자리 잡을 수 있습니다.

또한 라벨링해둔 내용들은 글쓰기의 주재료가 되어줍니다. 읽다가 인상적이거나 재미있는 부분을 발견하면 언제든 라벨링을 할 수 있게 아이 곁에 문방구들을 놓아두세요. 접착식 메모지나 인덱스를 붙이거나 메모지에 느낌을 간단하게 적는 습관을 지도해주면 좋습니다.

라벨링에는 2가지 방법이 있습니다. 하나는 자신이 읽은 책을 보고 필사 노트에 직접 적는 방식입니다. 다른 하나는 부모님이 따로 필사 노트 형식을 만들어주고 따라 적게 한 뒤 이를 파일링하는 것입니다. 아이가 아직 어리다면 후자의 방법을 쓰다가 초등 고학년쯤이 되면 전자의 형식으로 서서히 바꾸어가면 좋겠습니다. 이후에는 책 군데군데를 여러 색깔 라벨지로 표시하고, 접착식 메모지에 느낀 점이나 생각을 적어 옆에 붙여두면 되겠지요.

날짜	나오는 책	지은이	분류	필사하기	느낀 점, 자기 생각
2022. 3.5	꼬마 백만장자 삐삐	아스트리드 린드그렌	동화, 스웨덴, 모험	삐삐가 다시 뒤죽박죽 별장에 남기로 하면서 "하느님의 푸른 땅에 사는 누군가가 나 때문에 눈물을 흘리고 슬퍼하는 모습을 차마 볼 수 없어요."	삐삐의 따뜻한 마음을 느끼고 가슴이 찡했어요.

처음에는 두 번째 방법, 즉 필사 노트 형식을 알려주고 아이와 라벨링, 필사 연습을 해보세요. 짧은 페이지의 책이라면 굳이 라벨링을 할 필요는 없을 것입니다. 그림책보다는 조금 쪽수가 있는 동화책이 적합할 것입니다. 한글에 숙달된 후 그림책에서 쉬운 동화책으로 넘어갈 때 라벨링 연습을 해보면 좋습니다. 다만 읽다가 필요할 때마다 라벨링하는 행동이

읽기 흐름을 깨뜨리지 않도록 주의해주세요. 자칫 라벨링 작업이 독서를 방해하는 요소가 될 수 있으니 유의해야 합니다. 그렇게 라벨링을 하며 책 한 권을 다 읽은 후에는 아이와 함께 라벨링한 곳 중 가장 인상에 남는 부분 몇 개를 골라 필사 노트에 작성하면 됩니다. 아이가 라벨링한 문구를 부모님이 프린트해서 집 안 곳곳 마음에 드는 장소에 붙여주어도 좋습니다. 물론 아이가 직접 종이에 큼지막하게 써서 붙이게 해도 됩니다.

"하느님의 푸른 땅에 사는 누군가가
나 때문에 눈물을 흘리고 슬퍼하는 모습을
차마 볼 수 없어요."

— 삐삐

이 과정을 통해 아이는 말의 힘, 글의 능력을 느낄 수 있습니다. 동영상이나 그림, 사진이 말해주기 힘든 깊은 진실을 대변하는 글의 위력 말이지요. 어쩌면 한동안 아이가 필사 놀이에 푹 빠져서 온 집 안을 예쁘고 감동적인 글들로 도배할지도 모릅니다.

치유서 읽고 느낀 점 적기

카타르시스 경험 적어보기

명작은 카타르시스를 안겨줍니다. 이를 위한 첫째 조건은 자신과 잘 맞는 내용의 책이어야 한다는 점입니다. 아무리 뛰어난 작품이라도 자신의 삶의 경험이나 개성과 무관한 책이라면 카타르시스를 느끼기 어렵습니다. 또한 명작이어야 합니다. 시류나 유행에 마냥 휩쓸리지 말고 동서고금의 명작을 읽어야 합니다. 어떤 책에서든 감동과 여운을 느낄 수는 있겠지만, 잘 빚은 항아리 같은 명작이 주는 감동과는 차이가 날 수밖에 없습니다. 마지막으로 특히 아이들은 자신의 읽기 능력에 적합한 작품이어야 카타르시스를 느낄 수 있습니다. 그러니 아이가 책을 통해 카타르시스를 느낄 수 있게 해주려

면 앞서 설명한 몇 가지 요소들의 교집합에 속하는 작품들을
선택해야 합니다.

카타르시스를 선물하는 책의 조건

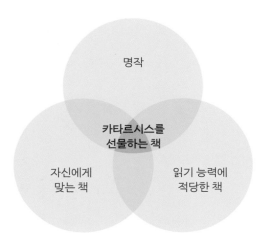

아이에게 '카타르시스'의 의미에 대해서도 어느 정도 알
려주면 좋습니다. 책을 읽다가 가슴이 뭉클한, 코끝이 찡한,
쌓여 있던 무언가가 쑥 내려가는 기분이 들었다면, 그것이 바
로 카타르시스라고 말해주세요.

카타르시스에 대해 조금 더 알아볼까요? 문학작품을 통해
상처받은 영혼을 치유하는 과정을 '문학치료bibliotherapy'라고

합니다. 흔히 독서치료라고 번역하기도 하지만, 문학치료가 발달한 서구에서는 자기조력도서self-help book(자기계발서)보다는 순문학을 통한 치유를 문학치료의 본령이라고 생각합니다.

그리고 예술 감상, 특히 문학작품 읽기가 선사하는 치유 효과 가운데 으뜸이 바로 카타르시스입니다. 이는 그리스 철학자 아리스토텔레스가 예술 체험이 가진 치유 효과를 설명하며 처음 언급했던 말입니다. 아리스토텔레스의 《시학》에는 "잘 빚은 문학작품은 사람의 감정을 카타르시스해준다"고 적혀 있습니다. 앞서 설명했다시피 카타르시스는 묵은 감정을 씻어내리는 정화, 혹은 감정의 대리배설이라는 뜻도 함께 가지고 있습니다. 직접 경험한 일에서 느끼는 감정의 변화가 아니라 간접적인 예술 체험을 통해서 감정을 느끼고 내 의식도 그 영향을 받아 변화하는 것입니다.

그런데 카타르시스 효과는 대체적으로 문학치료의 초반에 일어나는 편입니다. 문학을 감상하고 있는 그 순간에 즉각적으로 일어납니다. 또 책을 덮고 난 후 독서 경험이 내 의식과 충돌하면서 밀물처럼 엄습하기도 합니다. 대개 한 편의 시, 단편소설, 장편소설을 다 읽고 난 후 파도처럼 밀려오기 마련입니다. 혹자는 걷잡을 수 없이 감동이 밀려든다고도 표현합니다. 그런데 이러한 카타르시스를 문학치료의 전부라고 할 수는 없습니다. 다시 말해 문학치료는 단지 카타르시스에 그쳐서는 안 된다는 뜻이기도 합니다. 카타르시스는 긍정적인 감정이고 마음의 변화를 이끌어내는 중요한 동기인 것이 분명하지만, 단지 여기서 멈춰서는 온전한 치유가 이루어졌다고 말하기 어렵습니다. 카타르시스를 느낀 후 그 감동이 긍정적인 사고 변화로까지 이어질 수 있도록 다양한 후반 작업이 필요하다는 이야기입니다.

그러면 문학이 주는 효과나 유익에는 어떤 것들이 있을까요? 총체적인 효과는 무엇일까요? 문학치료의 권위자 조셉 골드는 우리가 시와 소설을 감상하며 얻는 이득을 언어성장, 생활정보의 습득, 동일시, 모델링(바른 삶의 지향 갖기), 인식의 전환(통찰과 실천), 문제해결, 면역, 느낌(정서적 체험), 정상화, 나누기(서로 돕기) 등 모두 10가지라고 정리하고 있습니다. 이렇게 무척이나 다양하고 통합적인 의식변화를 가져오는 것이 바로 문학 감상 효과, 문학의 치유 효과입니다.

카타르시스는 이 중 '느낌'의 한 부분에 해당한다고 할 것입니다. 물론 느낌 중에서도 가장 강렬한 정서 체험에 속하겠지요. 이는 책 읽는 아이를 유심히 관찰해보면 금방 알 수 있습니다. 아이들 역시 좋은 그림책, 멋진 동화책을 읽고 카타르시스를 느낍니다. 그 순간의 표정과 언행은 지켜보는 부모 마음마저도 뭉클하게 만들곤 합니다. 부모님이 작품을 읽고 있는 것이 아닌데도 말이지요.

아이가 책을 계속 읽고 싶어 하는 본질적인 이유가 카타르시스 경험 때문인 경우도 많습니다. 아이가 카타르시스를 느끼는 것은 그 자체로 매우 중요하고 유익합니다. 이는 아이의 감성지성을 크게 성장시키는 일이기 때문입니다. 또 독서 애호감이 자라는 토대이기도 합니다.

따라서 부모에게는 아이가 카타르시스를 느끼는 지점을 포착하고 놓치지 않는 세심함이 필요합니다. 이 감정을 아이에게서 긍정적인 내면 변화를 이끌어나가는 중요한 지렛대로 활용해야 합니다. 물론 카타르시스를 체험하기 위해서는 앞서 말했듯이 멋진 작품을 골라야 합니다. 영화 관람료를 내고 허접한 영화를 볼 때 어떤 기분을 느끼나요? 팝콘 한 알 값어치에도 못 미치는 영화가 있는 반면 평생 남을 감동을 선사하는 영화도 있지요.

그러니 아이에게 제공할 책들을 큐레이션하는 능력이야말로 아이 양육에 있어 가장 중요한 부분 중 하나라고 말할 수 있습니다. 만약 7세 아이에게, 평소 아이에게 종종 화를 냈던 엄마가 최숙희의 《엄마 화났어》를 읽어준다고 해보죠. 엄마는 그림책을 읽으면서 '내가 저랬겠구나', '아이가 혼날 때

저런 마음이었겠구나' 하며 가슴 아파할 수도 있고, 또 아이가 느꼈을 두려움과 자책감 때문에 어쩌면 눈물을 흘릴 수도 있습니다. 반면 아이는 이 그림책을 읽으면서 깊은 몰입과 감정이입을 느낄 것입니다. 주인공과 자신을 동일시할 것입니다. 엄마가 화를 낼 때마다 딴 세상으로 도망가고 싶었던 자신의 마음을 책이 너무도 잘 대변해주니 말입니다. 그림책에서 카타르시스를 느낀 아이는 이후에도 이 책을 다시 읽자고 하거나, 아니면 가끔 혼자서 책을 꺼내 읽어보곤 할 것입니다.

이렇게 카타르시스를 느낀 책이 있다면 우선 아이에게 자유롭게 이 책의 감상을 적어보게 합니다. 물론 아이에 따라서 느낌을 술술 적어내려가는 아이가 있는가 하면, 몇 줄 채우지 못하는 아이도 있을 것입니다. 하지만 이것은 카타르시스의 강도에 차이가 나서 그런 것이 아니니 크게 염려할 필요는 없습니다.

우리는 어떤 일을 하는 데 있어 수많은 '내적 저항'들에 시달립니다. 자신이 써내려간 말이 엄마를 괴롭게 하지는 않을까 걱정하는 아이도 만난 적이 있습니다. 아이가 단지 쓰기 능력이 부족하거나 생각이 모자란 것이 아니라면, 글쓰기가 잘 되지 않는 이유는 어쩌면 내적 저항 때문일 수도 있습니다. 이처럼 카타르시스를 경험했다고 해서 모든 아이가 그 경험을 글로 줄줄 써내려갈 수 있는 것은 아니니 부모님이 이 점을 알고 아이를 다그치지 않았으면 좋겠습니다. 그리고 다음과 같은 몇 가지 점에 집중해 글을 써보도록 지도하면 좋습니다.

카타르시스를 느낀 책에 대한 글쓰기에 도움이 되는 질문

카타르시스의 개념을 전달하느라 "이 책에서 짜릿하고 감동적이었던 부분은 어디였어?" 하는 식의 표현을 하면 아이에게 부담을 줄 수도 있다. 조금 순화된, 아이가 친숙하게 느끼는 표현을 써서 안내해주면 좋다.

1. "이 책에서 가장 마음에 들었던 부분은 어디인가요?"
2. "그 장면을 읽으면서 어떤 기분 혹은 생각이 들었나요? 그 장면이 마음에 들었던 이유는 무엇인가요?"
3. "그 장면에서 주인공들은 각각 어떤 마음이었을까요?"
4. "주인공에게, 또 이 책을 읽은 다른 사람들에게 해주고 싶은 말은 각각 무엇인가요?"
5. "책을 보고 나서 어떤 생각이 들었나요?"
6. "책을 보고 나서 어떤 사실을 새롭게 알게 되었나요?"

그밖에도 아이에게 질문해볼 것들은 참 많습니다. 이때 주의할 것은 질문이 3가지가 넘지 않도록 제한할 필요가 있

다는 점입니다. 너무 많은 질문은 자칫 아이가 느낀 감동을
반감시킬 수도 있습니다. 또한 부모님이 미리 답을 정해놓고
거기에 아이의 답을 끼워 맞추려고 하지 마세요. 아이는 자신
의 세계, 자신의 지혜 안에서 딱 그만큼의 이해를 적을 거예
요. 그것으로 족합니다. 아이는 자라면서 시야가 넓어지고, 이
해심도 깊어질 테지요. 중요한 것은 아이가 이 책으로 카타르
시스와 감동을 받았다는 사실입니다. 그리고 이러한 심리적
계기를 이후로도 잘 이어나가게 해주는 것이 중요합니다.

우리 아이에게 맞는 치유서는 무엇일까?
'마음과 생각이 크는 책' 시리즈
제임스 J. 크라이스트의 《괜찮아 괜찮아 슬퍼도 괜찮아》
외 동시리즈 도서
박완서의 《이 세상에 태어나길 참 잘했다》

치유서는 그림책에만 한정되지 않는다. 꼭 소설 형식
의 동화책이어야만 가능한 것도 아니다. 그림책과 동화
책의 중간 단계인 '마음과 생각이 크는 책' 시리즈(비룡
소)와 같은 고전적인 명작 치유서부터 좀 더 본격적인
심리치유 방법들을 알려주는, 미국의 정신과 의사 제임
스 J. 크라이스트가 지은 《괜찮아 괜찮아 슬퍼도 괜찮
아》 같은 자기조력서에 이르기까지 아이들이 읽을 수
있는 치유서는 매우 다양하다(《괜찮아 괜찮아 슬퍼도 괜찮

아》와 같은 시리즈의 다른 책들도 참고해보자). 또한 박완서의 《이 세상에 태어나길 참 잘했다》와 같은 동화책은 대부분의 어린이에게 카타르시스를 주는 치유서다.

마음을 어루만지는
비밀 일기 쓰기

　　종종 성적을 비관해서 자살하는 아이들의 소식을 접합니다. 무척이나 가슴 아픈 이야기이지만, 많은 자살자, 특히 우울증이 자살의 원인인 자살자의 경우에는 아무에게도 보여주지 않았던 비밀 일기를 남기고 떠날 때가 있습니다. 그들은 왜 비밀 일기를 쓰게 된 걸까요? 오히려 비밀 일기가 우울감을 더 키우는 원인이 될지언정, 그 사람들이 맨처음 비밀 일기를 쓰기 시작한 이유는 그것이 아닐 것입니다. 비밀 일기의 시작 동기는 언제나 치유입니다. 자신의 마음을 다스리기 위한, 치유하기 위한 목적으로 일기를 시작하는 경우가 대부분입니다.

　　일기는 치유 효과가 매우 뛰어난 글쓰기입니다. 많은 사람들은 우울할 때 일기를 쓰고 싶어 합니다. 그런데 필시 그 일기는 누구에게도 들키고 싶지 않을 것입니다. 그래서 비밀 일기가 되는 것입니다. 앞에서 비밀 일기의 중요성에 관해 말하며 비밀 일기가 가진 성장의 측면을 이야기했다면 여기서는 비밀 일기가 주는 치유의 측면에 관해 알아보겠습니다.

성장 일지로서의 비밀 일기는 먼 훗날 아이가 자신의 인생을 이해하고 자신만의 스토리텔링을 만드는 데 있어 원천이 될 것입니다. 가령 내 아이가 자라 훌륭한 인물이 된다면, 비밀 일기는 자서전이나 전기의 원재료가 되겠지요. 반면 치유로서의 비밀 일기는 그날그날에 일어나는 문제들을 해결하고 그로 인한 부정적 생각이나 마음을 씻어내리기 위한 방편이 됩니다.

아이는 왜 비밀 일기를 쓰고 싶어할까?

만약 부모님이 아이의 시냅스 글쓰기를 성공적으로 이끌었다면, 어느 순간부터 아이는 분명 비밀 일기를 쓰고 싶어 할 것입니다. 이는 부모님이 서운해할 일도 아니고, 방해해서도 안 될 일입니다. 그 첫 시기가 6세일 수도 있고, 7세, 아니면 10세일 수도 있습니다. 빠르면 빠를수록 성공적인 글쓰기 양육이 이루어졌다는 증거입니다.

상담을 해보면 아이는 꼭 부모에게 감추고 싶은 특별한 일이 있어서 비밀 일기를 쓰는 것이 아닙니다. 대개 이는 인간 심리와 근원적인 관련되어 있습니다. 우리는 아주 일찌감치 수치심을 배웁니다. 열등감은 인간의 본성적 심리 가운데 하나입니다. 가령 뛰어난 치유서인 브레네 브라운의《마음 가면》은 부모님이 아이에게 수치심과 열등감을 얼마나 쉽게 안기는지 알려주는 책입니다.

부끄러움은 3~4세가 채 되기 전부터 아이의 심리를 가장 크게 압도하는 정서 문제입니다. 아이들은 자신의 미숙함이, 자신의 어리석음이 부끄러울 수 있습니다. 부모님이 보기에 아무것도 아닌 일에도 아이는 부끄러움을 느낍니다. 글에 관한 것이라면, 자신이 쓴 글이 그림책 작가나 동화 작가, 하다못해 예쁜 노랫말보다도 못하다는 열등감을 느끼기도 합니다. 다시 말해 자신의 미숙한 글이나 생각을 타인에게 들키고 싶지 않은 마음이 생기는 것입니다. 부끄러워하지 말라고 다그친다고 해결되는 일이 아닙니다. 아이다운 마음, 아이들만의 생각을 온전히 이해해야 합니다.

그렇지만 아이들은 동시에 강렬한 표현 욕구, 미메시스 충동도 가지고 있습니다. 즐겁게 읽었던 동화책 덕분에 자신도 동화를 써보고 싶어질 수 있으며, 예쁜 동시를 즐겁게 읽다 보면 어느새 자기 마음을 시로 표현해보고 싶어집니다. 시인 윤동주는 자신의 글이 부족하다 느껴 남에게 보여주는 것을 극도로 꺼렸습니다. 자칫 그의 소중한 시들이 빛을 보지 못할 뻔했던 것입니다. 이는 꼭 성격적·기질적 문제인 것도 아닙니다. 물론 내성적이고 까다롭고 예민한 아이일수록 비밀 일기에 대한 애착이나 욕구가 강할 것입니다. 그러나 외향적이고 사교적인 아이라고 해도 대부분 비밀 일기를 쓰고 싶어 합니다. 그러니 부모는 오히려 글쓰기 활동 가운데서 처음부터 부모와 공유할 활동과 부모와 공유하지 않아도 되는 활동을 분리시켜줄 필요가 있습니다. 부모와 모든 글쓰기를 공유해야 아이의 글쓰기가 제대로 성장할 수 있다고 생각해서는 안 됩니다. 오히려 진짜 글쓰기 실력은 아이의 비밀 일기 쓰기, 비밀 글쓰기에서 쑥쑥 자랄 것입니다.

안전한 비밀 일기 쓰기를 위해 알아두어야 할 것

아이의 비밀 일기 쓰기는 온전히 사적인, 자기주도적인 활동입니다. 이 책에서 제시하는 다양한 글쓰기 방법들은 아이의 연령이나 글쓰기 능력에 맞게 일주일 단위로 주기화하는 것이 꼭 필요하지만, 비밀 일기만큼은 말 그대로 매일, 심지어 하루에 여러 차례라도 쓰고 싶은 만큼 원 없이 쓸 수 있도록 허용하는 것이 좋습니다. 철저하게 글쓰기의 사생활을 보장해주는 것입니다. 성공한 위인들, 아웃라이어들, 타이탄들 대다수가 공통적으로 부모에게서 이런 자유를 허락받았음을 확인할 수 있습니다.

하루 30분, 혹은 그 이상 아이에게 자기만의 글쓰기 시간을 허락해주세요. 그러려면 아이가 비밀 일기를 쓸 수 있는 시간과 공간, 물리적 환경부터 제공해야 합니다. 저는 《시냅스 독서법》에서 아이만의 서재를 만들어주는 일의 중요성에 관해 설명했습니다. 아이만의 서재는 자유로운 독서와 상상, 자기주도학습, 자기성찰이 이루어지는 성장의 공간입니다. 또한 아이 서재는 아이가 비밀 일기를 쓸 수 있는 공간입니다. 가능하면 아이의 서재에는 컴퓨터나 스마트폰을 두지말고(자칫 잘못하면 아이의 방이 피시방으로 전락할 수 있으니 주의해야 합니다!) 마음껏 비밀의 시간을 누릴 수 있도록 허락해주는 것이 바람직합니다.

온종일 TV 모니터, 컴퓨터, 스마트폰, 태블릿을 쳐다보며 사는 우리에게 집에서만큼은 그것에서 벗어나는 시간이 필요합니다. 저는 상담실에서 이런 조언을 자주 하는데, 집의 한 공간을 '디지털 미디어 프리' 상태로 만들어보라는 것입니다. 예를 들어 방 하나를 지정해 디지털 미디어실로 만들고 귀가 후에는 온 가족이 그곳에 각종 디지털 미디어를 두고 총 사용 시간은 2시간 이내로 제한하는 식입니다. 이런 급진적인 변화와 노력 없이 아이가 책을 읽기를, 자기주도학습을 하기를, 자기만의 글쓰기 시간을 갖기를 기대하기란 현실적으로 어렵습니다.

그러니 아이의 일거수일투족에 모두 관여하겠다는 욕심이나 고집을 부리기보다는 아이가 자유롭게 여가와 취미를 즐길 수 있는 자유로운 공간과 시간을 내어주는 결단이 필요합니다. 거실에서 공동 학습이나 토론을 마치고 난 후 2시간 정도는 아이에게 자유 시간으로 허락하면 어떨까요? 그때 아이는 불현듯 비밀 일기가 쓰고 싶어질지도 모릅니다. 그리고 드디어 아이가 비밀 일기를 쓰게 된다면 그것은 결코 화내거나 서운해할 일이 아니라 우리 아이의 글쓰기 능력이 급성장하는 매직카펫 위에 올라탄 것이라고 생각하며 다행이라 여겨야 합니다. 기뻐할 일인 것입니다.

그러니 아이가 마음껏 비밀 일기를 쓸 수 있도록 멍석을 깔아주세요. 예쁜 일기장을 선물해주고, 비밀 일기를 쓰는 시간만큼은 사생활을 충분히 보호해주는 가족 규칙을 정해보세요. 가령 가족 공동 일정을 마친 오후 8~9시부터 10시, 11시까지는 오롯이 자기만의 시간이 될 수 있도록 허락해주는 식으로 말입니다.

한편 아이가 비밀 일기를 쓰고 싶어 하는 이유는 여러 가지일 것입니다. 특히 가슴 아픈 일, 우울한 일, 슬픈 일이 자주 생긴다면 글쓰기 환경이 열악한 상태에서도 비밀 일기를 쓰려고 할 것입니다. 예전에 상담실에서 만난 한 아이는 집에서는 자신만의 시간이 없어서 몰래몰래, 주로 집 밖에서 사람들이 자기 주변에 없을 때 비밀 일기를 쓴다고 하더군요. 만약 아이가 이처럼 부모님의 반대에도 불구하고 비밀 일기를 쓰고 있다면 어쩌면 아이에게 문제 상황이 생겼다는 의미일 수도 있습니다.

아이는 비밀 일기를 쓰며 스스로를 치유하고, 마음을 다스리고, 내일을 살아갈 의욕을 회복하려고 할 것입니다. 하지만 누구의 도움도 받지 못한 상태에서 쓰는 비밀 일기는 자칫 잘못하면 자살 준비 노트가 될 수도 있습니다. 고립된 글쓰기, 자폐적인 글쓰기는 우울감과 비관성을 강화하는 경향이 있기 때문입니다.

그러니 언제나 강조하는 사실이지만, 아이의 마음 치유는 항상 현재진행형이어야 하며, 과하다 싶을 만큼 능동적으

180

로 이루어져야 하며, 전폭적인 부모의 지지와 관심이 필요한 영역입니다. 아이의 마음은 언제까지나 치유되고 또 치유되어야합니다. 이 과정에서 치유 독서와 치유적 글쓰기는 가장 뛰어난 치유 도구 중 하나가 되어줄 것입니다.

4장

·

시냅스 글쓰기 3단계:
독후감 쓰기

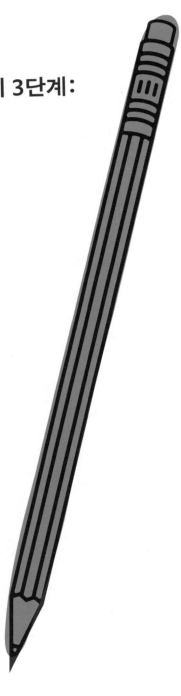

아이의 마음에 드는 책 고르기

이제 아이들이 가장 많이 마주하게 되는 과제이자 글쓰기 도안이기도 한 '독후감(독서록) 쓰기'에 관해서 알아볼까요? 많은 부모님이 독후감 쓰기를 어떻게 해야 할지, 어떤 방법으로 지도해야 좋을지 고민합니다. 사실 아이가 책을 잘 읽는 것은 시작에 불과합니다. 독후감 쓰기까지 이어질 때 비로소 독서가 완성된다고 볼 수 있으니까요.

물론 아이와 함께 책을 잘 읽었다면 부모님도, 아이도 칭찬받아 마땅합니다. 그것 역시 꾸준히 실천하기란 결코 쉬운 일이 아니기 때문입니다. 하지만 독서의 다양한 효과가 온전히 발현되려면 독후 활동, 특히 독후감 쓰기가 안정적으로 이루어져야 합니다. 독후감 쓰기는 배움의 기초가 됩니다. 초등학교, 중고등학교 공부는 물론이고 평생 공부의 시발점이 됩니다.

한글을 떼기 전이라 하더라도 책을 읽고 난 후에 다양한 독후 활동을 하면 이것이 독후감 쓰기를 잘하게 이끌어줍니다. 읽은 내용으로 그림을 그리거나, 장난감 역할극을 해보고, 혹은 춤이나 노래로 표현해보게 도와주세요. 책을 읽는 것에서 끝내지 말고, 책으로 읽은 내용을 다양한 활동으로 표현할 때 독서의 효과가 몇 갑절 커집니다.

독후 활동의 종류는 무한에 가깝습니다. 꼭 독후감 쓰기에 한정할 필요는 없습니다. 공부머리를 키우겠다고 글쓰기만 시켰다가는 오히려 전인적인 발달을 방해할 수도 있습니다. 가장 쉽고도 기초가 되는 활동은 즐겁게 읽은 책에 대한 대화를 충분히 나누는 것입니다. 아이에게 그림책을 읽어주는 단계에서부터 책에 관해 많은 이야기를 나눠보세요. 제목, 주제, 등장인물, 줄거리, 새로 배운 단어, 그림에서 발견한 것들, 주인공의 감정, 느낀 점, 재미있는 점 등 아이와 이야기 나눌 것들은 무궁무진합니다.

10세 이전의 아이라면 독서뿐만 아니라 독후 활동까지도 즐겁고 충분히 만족스러운 것이어야 합니다. "재미있게 책을 읽었으니 이제 숙제를 해볼까?" 하는 식이면 곤란합니다.

자칫 부담이 되는 독후 활동을 하다 보면 오히려 득보다 실이 더 커집니다. 저는 지금까지 부모의 과도한 강요로 학습애호 감이 사라진 아이들, 글쓰기가 싫은 아이들을 너무도 많이 만났습니다. 그런 결과를 가져오는 독후 활동이라면 아예 하지 않는 편이 낫습니다. 물론 제가 강조하는, 즐겁게 책을 읽어 아이의 전인적·통합적 발달을 돕는 시냅스 독서법, 여기에 부합하는 시냅스 글쓰기를 실천하는 것이 최선의 대안입니다.

재미가 덧씌워진 책 읽기와 글쓰기

시냅스 독서법, 시냅스 글쓰기를 단적으로 설명하는 비유가 당의정설입니다. 특히 유아, 초등 독서와 글쓰기의 핵심 원리는 배움의 대상을 당의정으로 감쪽같이 감싸는 것이라고 할 수 있습니다. 고대 로마의 시인 호레이스는 문학을 당의정설로 설명했지요. 뛰어난 문학작품은 쓴 약을 삼키기 쉽도록 겉면에 설탕을 발라놓은 당의정과 같은 것이며, 꼭 배워야 할 삶의 덕목을 즐거움을 주는 문학 형식으로 잘 감싼 것이라고 했습니다. 다시 말해 문학의 향유가 즐겁고 행복한 가운데 인생의 교훈과 지혜를 덤으로 배워나가면 됩니다. 덕분에 문해력이, 학습능력이, 지능이 점점 성장하는 결과도 얻는 것입니다.

이는 양육의 금과옥조입니다. 아이가 어려워하는 일이 있을 때, 효과적인 방법을 동원해 즐겁게 시도할 수 있게 이끌어주고, 그것에 숙달되고 능숙해지면서 차츰 힘 들이지 않고 편하게 그 일을 할 수 있게 만드는 것이 곧 양육의 목표입니다. 가령 아이에게 채소를 잘 먹이기 위해 동그랑땡이나 만두, 볶음밥을 만들어 먹이는 것처럼 말입니다. 생채소를 억지로 먹이려고 들면 어떤 아이도 힘들어할 것입니다. 그러니 채소와 함께 좋아하는 다른 음식을 곁들이거나 조리법을 이용해 채소를 맛있게 먹게 유도하는 거죠. 이렇게 채소에 익숙해진 아이는 결국 생채소도 잘 먹을 수 있게 됩니다.

독서나 독후 활동도 마찬가지입니다. 아이가 책을 읽은 후 주제나 소재 찾기, 이야기의 줄거리를 요약하는 재미없는 일만 주구장창 시킨다면 어느새 책에 정나미가 떨어질 뿐입니다. 글쓰기는 물론 책 읽기까지 싫증낼 것입니다. 그러니 중요한 것은 효과나 교육보다는 재미와 유쾌함입니다.

아이에게 주고 싶은 당의정 안의 쓴 약과 달콤하면서 유쾌한 당의정의 설탕을 감쪽같이 합치는 지혜가 필요합니다. 부모 입장만 내세워 쓴 약을 강제로 먹이려고 들었다가는 아이는 영영 한 알의 약도 삼키지 않게 되고, 부모에 대한 불신만 깊어지겠지요. 아이가 위태로운 성장을 하게 되는 것입니다.

즐거운 독후 활동이 이어지기 위해서는 무엇보다도 아이가 무척 좋아하고 재미있어 할 만한 책을 고르는 일부터 시작해야 합니다. 독후감 쓰기의 대상은 정말 읽고 싶은 책이라야 합니다. 동시에 아이의 전인적인 발달을 도울 만큼 미덕을 고루 포함한 책이어야겠지요. 아이의 성별, 두뇌 특성, 다중지능, 성격 등을 다면적으로 고려하고, 또 아이의 취향, 평소 경험과 일상, 교우 관계까지도 세심하게 고려해 책을 준비해야 합니다(아이가 좋아할 책을 선택하고 읽기 계획을 세우는 자세한 방법은 제 책《시냅스 독서법》을 참고하기 바랍니다).

아이가 좋아하는 책을 미리 충분히 준비해두는 것이 독후 활동의 성패를 가른다고 해도 과언이 아닙니다. 물론 얼마나 막막한 일인지 잘 알고 있습니다. 저 역시 두 아이를 키우며 서점에서, 도서관에서 여러 날을 주저하고 고민했던 기억이 생생합니다. 다른 바쁜 일들이 많은데, 아이의 책까지 준비하는 일이 힘에 부칠 때도 많았습니다. 하지만 아이에게 좋은 옷, 좋은 음식을 제공하고 싶은 것처럼 아이의 유년기, 초등학교 시절을 채울 양서를 미리 준비하는 일은 다른 어떤 일과도 비교할 수 없는 중차대한 일입니다. 특히 내 아이가 좋아할 책은 결코 다른 사람들이 추천하는, 많은 사람들이 좋다고 칭찬하는 책이 아닙니다. 수천 권의 좋은 책 가운데 우리 아이의 시냅스를 자극하고, 흥분시킬 책은 의외로 많지 않을 수 있습니다. 옆집 아이가 재미있게 읽었다고 하는 책을 우리 아이도 좋아하란 법은 없습니다.

아이들이 많이 읽은 책, 베스트셀러가 아니라도 내 아이가 몰입하고, 몹시 소중히 여길 책은 분명히 존재합니다. 그러니 각종 도서관이나 전문가의 추천서 목록은 언제나 참고용으로, 아주 가끔 활용하기를 당부합니다. 물론 내 아이에게 좋은 책을 고르는 안목이 하루아침에 생기는 것은 아니겠지만 아이에게 독서애호감과 학구열이 생기기를 바란다면 부모도 그만큼의, 아니 그 이상의 노력을 기울여야 합니다.

지금 이 순간, 책 읽기를 즐겨라

이제 책을 읽는 아이의 입장을 한번 대변해볼까요? 재미있게 읽은 책도 아닌데 읽고 나서 누군가 주제, 줄거리, 소재까지 당장 써보라고 한다면, 아이의 마음은 어떨까요? 부모에게는 선뜻 말하지 못하나, 이 때문에 책 읽기가 점점 싫어질 것입니다. 상담실에서 이런 속내를 털어놓는 아이들을 무척 많이 만났습니다. 부모님이니까 말하지 못했지만, 아이 마음에서 독서애호감의 불씨가, 글쓰기 욕구가 차츰 사그라졌던 것이죠.

아이의 미래를 과도하게 걱정하며 독서 혹은 독후 활동을 하다 보면 쉽게 조급해지고, 무리하기 십상입니다. 중요한 것은 오늘 한 권의 책을 아이와 천천히 온 마음으로, 기쁨과 카타르시스로 읽어내는 일입니다. 먼 훗날 닥칠지도 모를 막연한 결과보다 지금 이 순간의 독서, 글쓰기에 집중해보세요. 아이의 공부머리, 문해력을 높이겠다는 생각보다는, 바로 지금의 책 읽기와 글쓰기를 즐기는 것이 소중합니다. 아니, 아이와 즐겁게 책을 읽고 함께 글을 써보겠다고 마음먹었다면 '공부머리를 키워줘야지', '문해력을 높여야지'와 같은 생각 자체를 아예 마음에서 지우는 편이 낫습니다.

그리고 독후 활동을 하는 동안만큼은 아이가 다른 곳에 한눈팔지 않도록 도와주어야 합니다. 또한 아이가 조금 느리다고 해서 부모님이 대신해서 문장을 불러주거나 미리 알려주려 해서는 안 됩니다. 아이 스스로 생각하는 동안 문해력을 형성하는 언어 시냅스가 조금씩 만들어지는 것이니까요. 장자의 우화 가운데 이런 것이 있습니다.

"어떤 사람이 자기 그림자가 두려워, 또 자기 발자국이 싫어 떨쳐내려 달렸는데, 발을 올리는 횟수가 많을수록 발자국 또한 그만큼 많아져 빨리 달릴수록 그림자가 몸에서 더 떨어지지 않았다. 그 사람은 자신의 달리기가 너무 느려서 그런 거라 생각해 쉬지 않고 계속 달렸고 마침내 힘이 다해서 죽고 말았다. 그늘에서 그림자를 쉬게 하고 멈추어 발자국을 쉬게 할 줄 몰랐으니 참으로 어리석다."

　부모님도, 아이도, 결코 장자의 글에 나온 '어떤 사람'처럼 되어서는 안 될 것입니다. 그래도 조급증을 놓을 수 없다면 칼 오너리의 여러 저서들, 애덤 그랜트의《싱크 어게인》, 황농문 교수의《슬로싱킹》과 같은 지침서들을 정독하며 자신의 교육관을 되돌아보고, 교육에 대한 섣부른 불안도 잠재워 보기 바랍니다. 또 데이비드 F. 비요크런드의《아이들은 왜 느리게 자랄까?》같은 책에서도 현대 문명이 초래한 양육 조급증의 폐해를 깊이 깨달을 수 있습니다.

　느림에서 혁신과 통찰이 나옵니다. 적어도 아이를 양육하는 데 있어 이는 최선의 진리입니다. 아이의 독서에서 무엇보다 중요한 것은 제대로 읽어주는 일입니다. 천천히, 아이가 원하는 만큼 반복하며, 최대한 자세하고 세밀하게 읽어주는 것입니다. 다음은《시냅스 독서법》에 실렸던 것으로 아이에게 책을 잘 읽어주고 있는지를 살펴보는 체크리스트입니다. 한번 확인해보면서 아이와 함께 책 여행을 떠나보세요.

나는 아이에게 책을 잘 읽어주고 있을까?

문항	예	아니오
1. 글의 리듬을 잘 살려 읽는가?		
2. 읽는 도중 잠시 멈춰 자녀의 이해와 생각을 확인해보는가?		
3. 하루에 세 번 이상 읽는가?		
4. 책을 읽어주는 시간이 정해져 있는가?		
5. 자녀의 연령에 맞는 책을 잘 알고 있는가?		
6. 자녀의 읽기 능력에 맞는 책을 읽어주는가?		
7. 다양한 분야의, 고른 독서가 이루어지고 있는가?		
8. 읽기 전 제목, 작가와 삽화가의 이름부터 읽어주는가?		
9. 책 표지에 대해 자녀와 이야기를 나누는가?		
10. 본문으로 들어가기 전, 표지와 제목을 보고 자녀와 내용에 대해 예상해보는가?		
11. 책을 읽으면서 가끔 다음 내용이 어떻게 전개될지 물어보고 있는가?		
12. 가끔 책의 삽화에 대한 대화를 나누는가?		
13. 자녀가 지루해하는지, 집중력이 떨어지는지 체크하고 있는가?		
14. 독서에 대한 강요나 억압적인 말은 하지 않는가?		
15. 중요한 부분에서 읽기를 멈추고 아이가 생각할 시간을 주고 있는가?		
16. 읽기 상황은 물리적으로 편안하고 쾌적한가?		
17. 독후 대화는 잘 진행되고 있는가?		

18. 다양한 독후 활동을 진행하는가?(주제화, 상상화 그리기, 느낀 점 써보기 등)		
19. 책을 읽으며 느끼는 다양한 감정에 대해 이야기를 나누고 있는가?		
20. 읽기 속도는 적절한가? 충분히 이해할 수 있게 또박또박, 조금 천천히 읽어주고 있는가?		
21. 새로운 책을 읽어주기 전, 부모님이 먼저 읽어보는가?		
22. 작가에 대한 설명을 충분히 하고 있는가?		

'예'에 답한 문항이 19개 이상인 경우: 아이는 당신이 책을 읽어주는 것에 무척 흡족해할 것이다. 당신은 뛰어난 구연가이다. 아이에게 독서기쁨과 독서애호감을 심어주기에 충분하다. 위의 문항을 통해 미흡한 부분을 살펴보고, 이를 개선하기 위해 노력한다면 아이의 독서 시냅스는 더욱 촘촘해질 것이다.

'예'에 답한 문항이 15개 이상인 경우: 당신의 책 읽어주기 능력은 우수하다. 하지만 아이가 책 읽기를 사랑하게 하는 데는 다소 부족함이 있다. 몇몇 실수들이 쌓여 아이의 독서애호감을 훼손할 수도 있으므로 책 읽어주기 방식을 조금씩 바꾸어나가는 것이 좋다. 책 읽어주는 방식이 개선될수록 아이의 독서애호감도 커질 것이다.

'예'에 답한 문항이 14개 이하인 경우: 당신의 책 읽어주기 방법에 여러 문제점이 엿보인다. 지금과 같은 읽어주기 방법만을 고수한다면 아이와의 독서 활동은 오히려 독이 될 수도 있다. 어쩌면 아이는 지금 책 읽기를 억지로 따르고 있거나, 책 읽기에 대한 거부감이 쌓이고 있는지도 모른다. 그러다 보면 어느 순간 책과 앎에 대한 호기심마저 무너져 내리고, 독서애호감을 형성하는 중요한 시기를 놓칠 수도 있다. 그러니 면밀하게 지금의 문제들을 찾고, 하나씩 바꾸어나갈 필요가 있다.

책 읽고 생각나는 대로 정리하기

책을 읽고 난 후, 아무 예고 없이 종이와 연필을 쥐여주며 다짜고짜 감상문을 써보라고 한다면 누구든 무척 난처할 것입니다. 아니, 화나고 두려운 일일 수도 있습니다. 이런 일이 아이들의 독후감 쓰기에서 벌어져서는 안 됩니다. 하지만 많은 부모님이 아무렇지도 않게 이런 일을 벌입니다. 아이 입장에서 이는 마치 재미있게 소설을 읽고 났는데 누군가 갑자기 그 소설과 관련된 수능 문제를 풀어보라고 하는 것과 같습니다.

아이에게는 대상에 대한 해석 도구가 많지 않습니다. 다시 말해 대상을 해석할 방법과 기술이 모자란 것입니다. 그러니 똑같은 사물을 두고도 아이와 어른이 이해하고 알아챌 수 있는 것들은 차이가 날 수밖에 없습니다. 아이가 재미있게 읽은 책을 반복해서 다시 읽는 이유 가운데 하나는 읽을 때마다 새로운 무언가를 계속 발견하기 때문입니다. 그러므로 부모는 항상 마음에서 불쑥불쑥 솟아오르는 '왜 이것도 모르지?'라는 급한 생각을 쓸어내려야 합니다. 아직 모르는 것이 당연하니, 심지어 전에 한 번 봤던 것조차도 까먹을 수 있으니, 이를 오히려 당연히 여기고 결코 비난하거나 화내지 않아야 합니다.

반면 아이에게는 어른이 보지 못하는 것을 보는 놀라운 눈이 있습니다. 때로는 아이의 기발한 생각에 감탄할 것입니다. 아이는 어른이라면 전혀 떠올리지 못할 엉뚱한 상상도 많이 합니다. 그 별난 상상력을 무시하거나 비하해서는 안 됩니다. 오히려 그 아이만의 상상박물관을 집과 서재에 만들어야 합니다. 기록으로도 잘 남겨야 합니다. 아이들의 상상력을 잘 살리고 확장하는 것이야말로 양육에서 중요하게 여겨야 할 포인트입니다. 이는 이어지는 5장 창의력 키우기에서도 자세히 다루겠습니다.

독후감 쓰기를 쉽게 이끌어주는 마법의 기술

아이들이 어려워하는 독후감 쓰기를 보다 쉽게 시작하려면 다음의 몇 가지를 지키는 것이 좋습니다. 우선 아이의 수준에 맞는 책을 골라야 합니다. 아이의 읽기 능력에 적합한 이야기책, 그림책, 동화, 청소년 도서, 소설을 정합니다. 아이가 어리다면 가급적 단순한 이야기 구조의 책을 고르세요. 복잡하고 다양한 내용의 책에 끌리는 아이도 있지만, 독후감을 쓰기에는 가급적 단순한 내용이 적합합니다. 처음에는 주인공이 등장하는 책이면 좋겠습니다. 그리고 주인공이 어떤 일을 벌이는지 되짚어보는 것이 가장 기초적인 독후 활동입니다. 처음부터 글로 적어보라고 하지 말고, 부모님과 함께 주인공에게 일어난 사건, 주인공의 행동과 말을 하나씩 나열하며 이유와 배경에 대해서 이야기를 나누어봅니다. 지금까지 설명한 것을 순서대로 정리하자면 다음과 같습니다.

- 아이의 개성과 취향을 십분 고려한 책 선택 →
  최대한 즐겁게 책 읽기(필요하면 여러 번 읽어주기) →
  주인공의 행적과 감정에 관한 충분한 독후 대화 →
  독후감 쓰기 활동

이야기책을 읽고 나면 아이의 머리에 가장 인상 깊게 남는 부분은 주인공과 관련된 일들일 것입니다. 주인공의 생김새, 성격, 이름, 특징, 주인공이 겪은 사건과 한 일, 주인공의 가치관, 주인공의 심성 등이 아이의 독서 시냅스 한가운데를 점령합니다. 그렇게 아이와 함께 책 속 주인공의 흔적들을 따라서 책 여행을 떠나보세요.

마이클 로젠과 헬렌 옥슨버리의 《곰 사냥을 떠나자》를 예로 들어볼까요? 아이가 이제 막 한글을 배워서 스스로 읽을 수 있게 되었다고 합시다. 이때 아이가 예전에 이 책을 몇 번 읽었던 것은 염두에 두지 마세요. 처음부터 줄거리를 적거나 생각나는 것을 적어보라고 하지도 말아야 합니다. 대신 이 책을 읽고 난 후 떠오른 생각들을 자유롭게 '말하는 것'부터 시작합니다. 그리고 그것을 글감으로 해서 바로 글쓰기를 시작하면 됩니다.

《곰 사냥을 떠나자》를 구성하는 사건들은 매우 단순합니다. 주인공은 가족 전체인데, 사건이 일어나는 매 순간 가족 하나하나의 표정과 동작을 살피는 재미가 있습니다. 특히 이 그림책은 조연이라고 할 수 있는 곰의 엉뚱한 행동과 표정을 관찰하며 읽는 것이 큰 재미입니다. 물론 아이들은 주인공으로 등장하는 이 가족의 아이들에게 좀 더 동일시 감정을 느낄 것입니다. 곰에게 쫓기는 장면에서 아이는 "가족 모두가 놀라고 무서워서 막 도망가요"와 같이 적을 수 있습니다.

독후감 쓰기를 쉽게 만들어주는 도구들

독후감 쓰기가 막막하다면 마인드맵으로 시작하면 좋습니다. 토니 부잔이 만든 마인드맵은 가장 효과적인 생각 정리 방법입니다. 처음부터 글로 적어 내려가다 보면 자칫 시야가 좁아지기 쉽습니다. 확산적 사고 대신 수렴적 사고에 갇히기 때문입니다. 먼저 쓴 문장에 지배를 받기 때문에 생각을 확장하기가 힘들어질 때가 많습니다. 이때 확산적 글쓰기를 돕는 대표적인 방법이 바로 마인드맵입니다.

마인드맵으로 생각하면, 대상을 종합적이면서 다면적·다층적으로 이해할 수 있습니다. 또 새로운 아이디어들이 더 자유롭게 떠오르고, 이미 정리한 내용 역시 더 효과적으로 체계화해서 기억할 수 있습니다.

 토니 부잔이 제안하는 마인드맵 작성의 7원칙

1. 종이의 중심에서 시작한다.

2. 중심 생각을 나타내기 위해 이미지나 사진을 이용한다.

3. 전체적으로 색깔을 사용한다(3가지 이상의 색깔이 좋다).

4. 중심 이미지에서 주가지로 연결한다. 주가지의 끝에서 부가지로 연결한다. 그리고 부가지의 끝에서 세부 가지를 연결한다.

5. 구부러지고 흐름이 느껴지도록 가지를 만든다.

6. 각 가지당 하나의 키워드만을 사용한다.

7. 전체적으로 이미지를 사용한다.

《토니 부잔의 마인드맵 북》, 토니 부잔·배리 부잔

마인드맵의 초기 형태

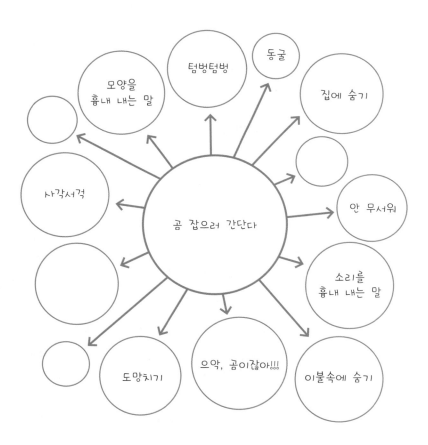

아이가 마인드맵을 처음 그려본다면 형식에 맞추기보다는 떠오르는 생각을 최대한 자유롭게 말한 후 적어나가게 하는 것이 좋습니다. 아직 아이가 한글 쓰기에 서툴다면 부모님이 철자를 가르쳐주면서 채워나가면 되겠지요. 아이 스스로 그림책에 나오는 그대로 옮겨 적게 해도 상관없습니다.

아이와 엄마가 순서대로 한 칸씩 생각나는 것을 말하고 동그라미 안에 적어 넣는 방식도 좋겠습니다. 아이들은 함께 읽기, 대화하기, 함께 글쓰기와 같은 공동 수행을 좋아하니까요. 이제 완성한 마인드맵을 독후감 바인더에 잘 꽂아두세요. 이렇게 독후감 쓰기를 한 뒤 한 장씩 꽂아나가는 방법은 저명한 작가들도 흔히 쓰는 독서 감상법입니다. 독후감 바인더는 아이가 언제든 꺼내 내용을 첨가할 수 있도록 큼지막하게 만들어주는 것이 좋습니다. 취학 전 혹은 초등학교 저학년 아이라면 8절지 이상이 좋습니다.

이외에도 체크리스트, 비전 보드, 화살표, 말풍선 등 아이가 지겨워하지 않을 만한 다양한 형식에 도전해보세요. 다만 이러한 형식과 형식 안에 쓰는 글 사이에 일정한 연관성이 있으면 좋습니다. 가령 이솝 우화인 《토끼와 거북이》를 읽고서 다음과 같이 두 주인공의 특징을 토끼와 거북이 모양을 가진 표 안에 적는 식으로 말입니다. 부모님이 조금만 상상력을 발휘하면 아이가 좋아할 만한 형식을 무궁무진하게 만들어낼 수 있습니다. 아이는 이렇게 그리기와 글쓰기를 병행하면 독후감 쓰기에 더욱 많은 흥미를 느낄 것입니다.

이때 주의할 점은, 아이에게 한꺼번에 너무 많을 글쓰기를 주문하지 않는 것입니다. 아이는 엄마와 함께 책을 읽는 것은 익숙하겠지만, 배운 지 얼마 되지 않은 한글을 쓰는 일은 익숙하지도, 그리 편안하지도 않을 것입니다(물론 익숙하지 않다고 재미없는 것은 아닙니다. 조금 어렵고 서툴러도 성취감과 글쓰기 쾌감을 느낄 수 있습니다). 그러니 아이가 글쓰기를 의무나

토끼와 거북이 모양의 독후감 쓰기 도구

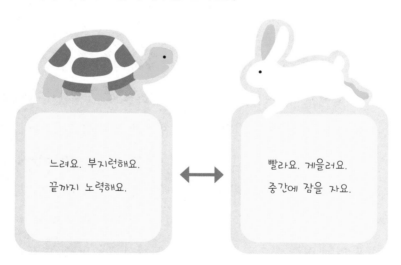

느려요. 부지런해요.
끝까지 노력해요.

↔

빨라요. 게을러요.
중간에 잠을 자요.

숙제로 느끼지 않게 하는 것이 관건입니다. 아이가 재미있어 한다면 활동시간을 조금 더 늘려 최대 1시간 정도까지도 가능합니다. 하지만 무작정 시간을 늘리기보다는 아이의 상태와 성향을 살펴 적절하게 조정해주는 것이 필요합니다.

공감능력과 정서지능을
키워주는 감정 카드

아이가 한글을 떼고 부모와 가장 먼저 같이 해볼 만한 글쓰기 놀이가 바로 감정 카드 만들기입니다. 이후 소개할 감정 지도 그리기가 초등 저학년 시기에 즐길 만한 글쓰기 활동이라면, 감정 카드 만들기는 그보다 앞서 한글을 떼고, 학교에 들어가기 전까지 한글을 숙달하고 글쓰기 습관을 들이는 시기에 우선적으로 장려할 만한 글쓰기 활동입니다.

물론 감정 카드는 시중에서 쉽게 세트 상품으로 구할 수 있지만 조금 시간이 걸리고 손이 가더라도 아이와 함께 직접 만들어보기를 강력하게 추천합니다. 아이가 만든 감정 카드 한 장 한 장이 감성지능과 공감능력을 키워주는 소중한 자산이 될 것이기 때문입니다. 저 역시 제 아이들과 여러 날, 여러 번 감정 카드를 만들었던 멋진 추억이 있습니다.

방법은 무척 간단합니다. 아래와 같이 카드의 앞에는 감정 단어를 쓰고, 뒤에는 아이가 알기 쉽게 혹은 아이가 그 감정을 이해하는 방식으로 그 뜻을 적습니다. 아이가 아직 어려 자세한 설명을 적기가 쉽지 않다면 표정이나 이모티콘 등 그림을 이용해보는 것도 괜찮습니다. 다만 한글에 숙달될수록 감정에 관한 개념을 글로 적어보게 하면 좋습니다.

앞면   뒷면

가급적이면 처음부터 정해진 크기와 형태의 빈 감정 카드를 많이 만들어두면 편리합니다. 미리 몇백 장을 만들어두어도 좋습니다. 앞으로 계속 사용할 테니 조금 두꺼운 용지에 잘 지워지지 않는 전용 필기구를 사용해서 만들면 좋습니다. 기쁨, 슬픔, 화, 두려움, 사랑처럼 감정의 종류를 적어봅니다.

감정 카드 만들기의 예

- 기쁨
- 즐거움
- 유쾌함
- 행복
- 사랑
- 만족
- 반가움
- 흥미로움
- 애착

- 슬픔
- 화
- 두려움
- 지루함
- 질투
- 걱정
- 서운함
- 실망
- 짜증

그리고 감정 카드를 보관할 예쁜 상자를 마련해 카드를 만드는 족족 그곳에 보관해둡니다. 이후 아이가 수시로 감정 카드를 꺼내 자유롭게 감정 놀이를 할 수 있게 해주세요. 오늘의 감정 표현하기, 지금 나의 감정 표현하기, 주인공이 느낀 감정 찾기, 감정 이름 맞추기 등 다양한 감정 놀이에 카드를 활용하면 됩니다. 다만 한꺼번에 많이 만들기보다는 주기적으로 몇 장씩 계속 만들어나가는 것이 좋겠습니다. 특히 새로운 감정을 알게 되었을 때에는 지체하지 말고 곧장 만들어보는 것이 좋겠지요.

감정 카드 놀이는 부수적으로 학습 효과도 있습니다. 공부 자료들을 분류하고 정리하는 일은 매우 중요한 학습능력 가운데 하나입니다. 공부에서 높은 성취를 이룬 이들 대부분이 파일링 능력이 뛰어난 것을 볼 수 있습니다. 아이와 함께 감정 카드 만들기를 하면서 자료를 정리하고 분류하는 방법을 일찌감치 가르쳐줄 수 있습니다. 그리고 이후 아이가 자라면서 다음에 소개할 주인공의 감정 따라가기를 할 때에도 이를 적극 활용할 수 있을 것입니다.

주인공이 느낀 감정을 따라가는
감정 지도

한글을 막 읽기 시작했을 때 함께하면 좋을 유익한 독후
감 쓰기 방법을 소개합니다. 바로 '주인공의 감정 따라가기'입
니다. 어른들은 책을 읽으면 습관적으로 줄거리부터 정리하
려고 합니다. 이는 구시대 교육의 잔재이며, 속독과 주제를 파
악하는 독서만을 중시하여 우리 사회에 번진 나쁜 읽기 습관
입니다. 이는 좋은 독서와도 거리가 멀며, 근본적으로 아이들
의 사고체계와도 거리가 매우 먼 읽기 방식입니다. 아이의 성
향, 기질에 따라 조금씩 차이는 있지만 대체로 아이들은 장면
그 자체 혹은 주인공이나 다른 인물, 사물이 느끼는 감정에
훨씬 더 크게 또 집중적으로 반응합니다. 따라서 아이의 책
읽기에서 가장 먼저 고려해야 할 점도 주인공의 감정 변화를

관찰하는 활동을 중심에 두는 것입니다. 대신 주인공에게 어떤 감정을 가져다준 사건이나 상황, 갈등을 정리하다 보면 자연스럽게 줄거리를 파악하고 정리하는 힘도 생기게 됩니다. 감정에 집중하면 줄거리가 파악되는 이치입니다.

책을 읽으며 부모는 아이에게 "곰을 잡으러 갈 때 가족들은 각각 기분이 어떨까?", "여기서 여동생은 어떤 감정일까?", "지금 가족들은 왜 놀랐을까?", "곰이 떠나고 가족들은 어떤 기분이 들었을까?"라고 질문하는 것이 아이의 읽기 본성에 들어맞는 질문입니다. 이때 이미 만들어놓은 감정 카드를 활용하거나 아이와 함께 아래와 같이 순서도를 그려서 책에서 두드러지게 발견되는 감정들을 하나씩 나열하고 정리해볼 수 있습니다. 예를 들어 초등 1학년 아이와 엄마가 대화를 나눕니다.

> 엄마: "가족들이 들뜨고 신났구나! 그런데 왜 가족들이 이렇게 신이 났을까?"
>
> 아이: "지금 곰을 잡을 생각에 신이 났어요."
>
> 엄마: "그랬구나! 가족들이 곰을 사냥할 생각에 들뜨고 신이 났구나."
>
> 아이: "엄마, 이 가족은 곰이 하나도 안 무서워서 그랬나 봐요. 사실 곰은 무서운 동물인데."

이와 같은 방식으로 아이와 감정 읽기 대화를 이어나가 보세요. 그러고 나서 맨 앞 칸에 '곰 사냥을 할 생각에 신나고 들떴음'이라고 적으면 되겠지요. 아이가 한글로 적을 때 어려워하지 않도록 도움 줄 것은 주고, 스스로 할 부분은 스스로 해보게 이끌어줍니다. 그리고 이와 같은 방식으로 감정 지도 그리기를 완성한 후 바인더에 정리해줍니다.

감정 지도 그리기

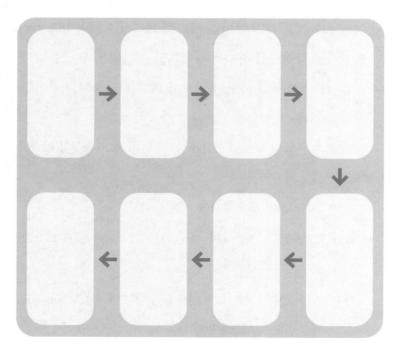

감정 변화의 이유 생각하기

앞서 감정 지도 그리기를 통해 아이는 자신이 읽은 책에서 받은 감동과 즐거움을 잘 정리해보았을 것입니다. 아이도 함께 주인공의 감정선感情線을 즐겁게 따라가면서 읽기의 즐거움을 만끽했을 것입니다. 이런 활동을 통해 아이에게 읽기의 재미란 이런 것이구나 하는 생각이 어렴풋이 자리 잡게 됩니다. 덕분에 자신이 읽은 책에 대한 애착과 좋은 감정도 배가되었을 테지요.

이제 주인공이 그런 감정 변화를 겪게 된 이유들을 하나씩 따져볼 차례입니다. 주인공은 어떤 상황에서 어떤 사건을 겪으면서 어떤 감정을 느낍니다. 이제 아이에게 감정과 사건 사이의 인과 관계, 어떤 일이 어떤 감정을 유발하는지에 관한 이해 능력을 높여줄 차례입니다. 이를 '감정이해력'이라고 합니다. 이미 아이는 감정 지도 그리기를 통해서 전체적인 이야기 구조를 어느 정도 파악했을 것입니다. 이제는 그 감정 지도를 부차적인 것으로 삼고 벌어진 일과 상황 들에 집중해볼 것입니다.

심리학 석학 월터 미셸이 자신의 저서 《마시멜로 테스트》에서 유익한 그림책으로 꼽은 와티 파이퍼의 《씩씩한 꼬마 기관차》를 예로 이야기해볼까요? 《씩씩한 꼬마 기관차》에서 인형들과 장난감 친구들은 자신들을 고개 너머로 데려다

줄 기관차를 찾지만 여러 기관차들에게 번번이 거절당합니다. 인형들과 장난감 친구들은 파랑이 꼬마 기관차에게 높은 산을 넘어 건너 마을로 자신들의 열차를 끌어달라고 부탁하지만 파랑이 꼬마 기관차 역시 무척 난처해합니다.

"친구들, 무슨 일이냐?"
꼬마 기관차가 다정하게 묻자, 인형들이랑 장난감들이 외쳤어요.
"아, 파랑이 꼬마 기관차야, 산 너머로 우리 기차 좀 끌어다 줄래?"

우리 기관차가 고장 났단다. 우릴 도와주지 않으면,
산 너머 아이들이 장난감도 없이, 맛있는 음식도 없이 지내야 해.
파랑이 꼬마 기관차야, 제발 좀 도와줘."

《씩씩한 꼬마 기관차》, 와티 파이퍼, 웅진주니어

주인공의 감정 따라 적기를 한다면 이때의 파랑이 꼬마 기관차의 감정으로 '걱정', '난처함', '고민'이라고 적으면 되겠지요. 그리고 파랑이 꼬마 기관차가 이런 감정을 느끼게 된 이유는 무거운 열차 칸을 끌고 높은 산을 넘을 자신이 없었기 때문입니다. 파랑이 꼬마 기관차는 자신이 아직 작고 힘이 모자라 도움을 줄 수 없다고 생각해 그런 감정을 느낀 것이라고 적으면 되겠지요. 하지만 이는 아이들에게 제법 어려운 글쓰기로 느껴질 것입니다. 그러니 최대한 천천히 느긋하게 이 활동을 진행해나가기를 당부합니다. 취학 전 아이라면 하루에 두세 장면을 넘지 않는 것이 좋습니다. 설사 아이가 감정과 사건 사이의 인과 관계를 잘 이해한다고 해도 그것을 글로 옮기는 일은 결코 쉽지 않기 때문입니다.

이렇게 아이와 함께 이 그림책의 줄거리 가운데 일부 장면들을 바탕으로 감정 따라 적기를 합니다. 이렇게 10개 장면들을 합치면 근사한 한 편의 줄거리 요약글이 만들어집니다. 이는 독서 감상문의 기초가 되는 구성요소입니다.

이유	주인공의 마음
인형들과 장난감들이 꼬마 기관차에게 자신들의 기차를 산 너머 마을로 끌어달라고 부탁했어요.	난처해요. 걱정이 돼요. 불안해요. 용기가 나지 않아요. 갈등해요.

"인형들과 장난감들이 꼬마 기관차에게 자신들의 기차를 산 너머 마을로 끌어달라고 부탁했는데, 꼬마 기관차는 자신이 너무 작고 힘이 부족해서 쉽게 용기가 나지 않았어요."

이렇게 말한 내용을 아이가 문장으로 쓸 수 있다면 성공적인 한 편의 글쓰기가 완성된 것입니다. 하지만 아이가 이런 문장을 얼른 적지 못한다고 해서, 꼭 넣어야 할 말을 떠올리지 못한다고 해서 조급해하거나 다그쳐서는 안 됩니다. 아이는 곧 더 능숙하고 근사하게 문장을 만들어낼 것입니다. 오늘 못하면 내일 다시 하면 됩니다. 조금 쉬운 책으로 바꾸어 해보고, 다음번에 다시 도전해보세요.

이 글쓰기 활동은 학교에 들어가기 전부터 초등학교 저학년까지 꾸준히 반복해서 훈련해주면 좋겠습니다. 이 활동은 감상문 쓰기의 기초이며, 서사가 포함된 내용을 정리하는 수렴적 글쓰기의 원재료입니다. 이 활동을 잘하면 잘할수록 독서 감상문 쓰기 능력도 향상될 것입니다. 또한 이는 비록 수렴적 글쓰기에 해당하는 활동이지만 아이의 지적 발달, 특히 문해력 발달에 없어서는 안 될 부분이기에 꾸준히 차근차근 해나가세요. 아이의 글쓰기 시냅스를 키우는 데 중요한 역할을 해줄 것입니다.

예쁘고 멋진 글 따라 적기

아이가 점점 자라 한글을 쓸 수 있게 되었을 때, 오래전 읽었던 그림책을 다시 읽는 때가 찾아옵니다. 그때 아이들은 예전에 부모님이 읽어주었을 때 좋았던 부분을 자신이 직접 읽으면서 무척 행복해하고 뿌듯해할 것입니다. 아이가 큰 성취감을 느끼는 순간이지요. 가령 아이는 어느 순간 어릴 적 엄마와 읽었던 최숙희의 《괜찮아》를 처음 혼자서 더듬더듬 읽을 수 있게 되겠지요. 많이 좋아했던 책이라면 마치 좋아하는 유행가 가사를 외우듯 문장 대부분을 외우고 있을 테고, 막힘없이 술술 읽어낼 것입니다. 그렇다 하더라도 어릴 적 엄마에게서 수도 없이 들었던, 그리고 자신도 기쁜 마음으로 외웠던 "괜찮아! 나는 세상에서 가장 크게 웃을 수 있어"를 직접 읽은 감동은 이루 헤아릴 수 없이 클 것입니다. 경이로우면서도 뿌듯한 경험이지요.

우리는 이미 3장의 '마음을 도닥이는 글귀 따라 적기'에서 필사에 관해 충분히 생각해보았습니다. 그런데 지금 소개하고자 하는 '예쁘고 멋진 글 따라 적기'는 그것과는 별개로 만들어 정리해두는 것이 좋겠습니다. 마음이 울적하고 힘들 때는 마음을 도닥이는 글귀 따라 적기 노트에 정리해두었던 문장들을 하나씩 읽으면서 훌륭한 치유를 경험할 것입니다. 반면 예쁘고 멋진 글 따라 적기 노트에는 수시로 좋은 말을 적고, 꺼내 반복해서 읽으며 글쓰기 능력을 다채롭게 키워줄 도구로 활용하면 좋습니다. 또한 이를 문해력과 이해력 증진, 가치관 형성과 인성 함양에 골고루 도움을 주는 글쓰기 주력 활동으로 시도해보기 바랍니다.

예쁘고 멋진 글 따라 적기는 초등 저학년이 지날 때까지 가장 비중을 두고 이어나갈 글쓰기 활동이지만 이 역시 아이에게 자칫 부담이 되거나 의무로 지워진다면 오히려 해를 입힐 수 있습니다. 좋은 글귀를 만날 때마다 필사하는 것은 대단히 교육적이면서도 훌륭한 글쓰기 습관입니다. 또 상당히 입체적인 두뇌 활동이면서, 아이가 비교적 편안하고 능숙하게 해낼 수 있는 활동이기도 합니다. 다른 글쓰기처럼 문장을 생각하고 만드는 일이 아니기 때문에 아이 본인도 훨씬 편하게 느낄 것입니다. 하지만 그 때문에 금방 싫증을 내기도 쉬운 활동이기도 합니다. 따라서 이 활동은 기꺼이 쓰고 싶을 만큼 즐겁고 느낌이 좋은 글귀를 만나는 순간에만 하는 것으로 한정할 필요가 있습니다. 예쁜 글을 만나려면 당연히 아이가 좋아하는 책, 읽고 싶은 책, 그러면서도 작품성이 높은 책을 읽어야 합니다. 이는 억지로 이루어지는 일이 아닙니다. 좋아하는 책을 읽더라도 아이 마음에 드는 예쁘고 멋진 글은 한 문장도 찾아내지 못할 수도 있습니다.

예쁘고 멋진 글 따라 적기는 대상에 대한 통합적인 이해를 꾀하면서 동시에 다양한 성장발달 촉진, 학습 효과까지 덤으로 얻을 수 있는 훌륭한 글쓰기 활동입니다. 가령 아이와 함께 박두순이 엮은《한국 대표 동시 100편》을 읽었는데 아이가 동시 중에서 유독 이해인 수녀의 〈별을 보며〉를 마음에 들어 한다면 짧은 시이니 통째로 필사해도 좋을 것입니다. 하지만 시 감상문까지 연이어 써야 하는 상황에서는 통째로 필사하는 것이 부담스러울 수도 있습니다. 이럴 때에는 부모님이 먼저 나서서 좋은 구절 하나만 써보자고 중재하는 것이 좋습니다.

아이가 시의 처음 부분에 나오는 '고개가 아프도록/별을 올려다본 날은/꿈에도 별을 봅니다'라는 시구를 무척 마음에 들어 한다고 해보겠습니다. 그럴 때 아이와 함께 다음의 필사 노트에 적고, 느낀 점도 함께 적어보면 됩니다. 이는 앞서 해보았던 '마음을 도닥이는 글귀 따라 적기'에서 배웠던 필사 방법을 그대로 따르는 것이니 그리 어렵지 않습니다.

예쁘고 멋진 글 따라 적기 노트

날짜	나오는 책	지은이	분류	필사하기	느낀 점, 자기 생각
2022. 1.27	한국 대표 동시 100편	이해인	동시, 한국	고개가 아프도록 별을 올려다본 날은 꿈에도 별을 봅니다.	별이 너무 예뻐서 고개가 아프도록 계속 보았어요. 밤에 본 예쁜 별이 꿈속에도 나왔어요. 밤에 아름다운 꿈을 꾸어요.

이 활동을 아이에게 시키다 보면 너무 좋은 활동이라는 생각에 괜한 욕심이 생길 수도 있습니다. 그래서 '예쁜 글 하루에 10개 적기' 같은 숙제를 내주고 싶은 마음이 굴뚝같아질 수도

216

있어요. 그러나 그랬다가 이내 사달이 날 수 있습니다. 예쁜 글 필사가 의무적인 일이 되면, 괜한 부담만 줄 것입니다.

저도 처음 아이들의 글쓰기를 지도하면서 이런 오류에 빠져 낭패를 겪은 일이 많았습니다. 저에게는 너무 재미있게만 여겨지는 필사가 아이들에게는 고역인 것을 알고 적잖이 당황했지요. 아이들이 필사할 만한 글귀를 찾기 위해 억지로 책을 대충 읽고, 별로 마음에 들지도 않는 글귀를 적으려고 들었기 때문입니다.

사실 현재 필사하기와 관련된 학습지나 학습서는 시중에 많이 출간되어 있습니다. 부모님이 아이의 글쓰기 능력을 키워주겠다며 욕심껏 구입해 아이에게 강요할 수도 있습니다. 하지만 자신이 제대로 읽지도 않은 책에 나오는 좋은 글귀, 명언, 속담은 대부분의 아이에게 별다른 감흥을 주지 못합니다. 아이에게는 어른처럼 문장을 해석하는 해석소, 해석 스키마가 부족하기 때문에 좀처럼 글쓰기 욕구가 끓어오르지 않는 것입니다. 가령 링컨 대통령의 "내가 성공했다면 오직 천사와 같은 어머니의 덕이다All that I am or ever hope to be, I owe to my angel mother" 같은 명언이 어른들에게는 깊은 여운을 줄지 모르나 아이에게는 그저 평범한 문장 혹은 이해하기 힘든 문장으로 다가올 수도 있습니다. 그러니 필사에 앞서 즐거운 독서 활동을 통해 아이의 근원적인 미메시스 충동을 자극하는 일이 우선입니다.

필사는 작가 지망생이면 반드시 거치는 코스이기도 합니다. 많은 작가들이 습작 혹은 문학가 지망생 시절 필사를 하며, 심지어 한동안은 자기 글은 전혀 쓰지 않으면서 몇 권의 단편소설이나 몇십 편의 시를 집중적으로 필사하기도 합니다. 저 역시 10대와 20대 초반, 필사한 노트만 몇십 권이 됩니다.

하지만 아이에게 지금 필요한 것은 글쓰기 시냅스를 형성해줄 즐거운 글쓰기입니다. 실력보다는 즐거움이라는 사실을 잊지 말아야 합니다. 아이에게 필사 숙제는 학습지를 억지로 푸는 일만큼 싫은 일이 되기 쉽습니다. 그러니 아이가 즐거운 독서를 마치고 강한 인상을 받은 글귀나 문장이 생겼을 때 자연스럽게 따라 적을 수 있도록 돕는 것이 관건입니다. 애초에 부모님이 이렇게 한계를 설정해두세요.

"우리 두나가 책을 읽다가 따라 적고 싶은 글귀가 생겼을 때만 노트에 적어도 상관없어. 절대 숙제가 아니니 부담 갖지 않아도 돼. 다만 너무 좋은 방법이기 때문에 두나가 자주 했으면 하는 마음에서 엄마가 알려주는 거야. 지난번에 두나가 너무 좋았다고 했던 글귀를 다시 찾지 못해 애를 먹은 적이 있잖아."

책이 끝난 후 어떤 이야기가 이어질까 상상하기

저는 꽤 오래 글쓰기를 가르쳤습니다. 햇수로 치면 거의 30년이 넘었습니다. 취학 전 아동부터 60, 70대 성인까지 다양한 계층의, 다양한 목표를 가진 수강생을 가르쳤지요. 글쓰기에 어려움을 느끼는 아이부터 작가가 되고 싶은 작가 지망생까지 다양한 글쓰기를 지도해왔습니다. 그런데 지금도, 아이들의 글쓰기를 지도할 때에는 언제나 많은 것을 깨닫습니다. 특히 인간은 이야기를 무척 좋아하는 존재이고 어릴수록 이야기를 만드는 상상력이 더 특출하다는 사실을 절실히 느낍니다.

아이들과의 글쓰기 수업에서 알게 된, 아이들이 가장 열광하는 글쓰기 활동 몇 가지가 있습니다. 이미 초등학교 교과 과정에도 반영되어 있으므로 아이들이 학교에 다니면서 한 학기에도 여러 차례 하게 될 글쓰기 활동들입니다. 그중 하나가 바로 책이나 글을 읽고 난 후 이어지는 이야기를 상상해보는 글쓰기입니다. 누구나 처음부터 잘 짜인 이야기를 창작하기는 쉽지 않습니다. 매력적인 캐릭터를 창조하고 공감할 만한 줄거리와 이야기 구조를 구상하는 일은 어른에게도 힘든 일입니다. 그래서 다양한 '모방 연계 창작 활동'이 필요합니다. 창작은 언제나 모방과 창조의 융합이니까요. 어떤 대상을 충분히 모방하다 보면 어느새 아이 내면에서 창조의 기운이 자라납니다. 또 이미 잘 만들어진 근사한 이야기를 읽고 자기 나름대로 거기서 파생되는 상상을 해보는 일은 비교적 쉬울뿐더러 글쓰기 의욕까지 불러일으키는 좋은 방법입니다.

좋아하는 이야기나 대상에 관해 상상하는 일은 즐거운 일입니다. 가령 최근에는 스타를 좋아하는 팬들이 자신이 좋아하는 스타에 관한 이야기를 상상해 적은 '팬픽'이 하나의 장르로 자리 잡기까지 했습니다. 또 이미 존재하는 이야기에 관한 상상이 또 하나의 작품이 되기도 합니다. 애니메이션 〈슈렉〉은 기존 동화들을 뒤집고 비트는 기발한 상상을 담고 있습니다. 이 영화는 위대한 동화책 작가 윌리엄 스타이그의 원작을 바탕으로 만들어졌는데요. 영화 〈슈렉〉에는 여러 동화의 주인공들이 등장해 동화책 원작에는 없는 이야기를 더욱 유쾌하고 기발하게 이끌어나갑니다.

성인 작품에서도 이런 사례를 찾는 것은 그리 어렵지 않습니다. 실라 콜러의 《비커밍 제인 에어》라는 소설이 있습니다. 제목에서 연상할 수 있듯이 영문학사에서 가장 중요한 소설로 평가받는 《제인 에어》의 작가 샬럿 브론테와 소설 주인공 제인 에어에게 벌어졌을 일들을 상상하는 흥미진진한 소설입니다. 이 소설은 작품성까지 인정받았고, 영화로도 만들어졌습니다. 이렇게 어떤 책이나 이야기를 읽고 책에 등장하지 않는 이야기를 새롭게 상상하는 글쓰기 활동은 아이들이 무척이나 좋아할 뿐 아니라 아이들의 상상력, 창의성을 크게 키워주는 방법입니다. 아이가 이야기를 즐겁게 읽은 것이 분명히 느껴진다면 함께 뒷이야기를 만들어보세요.

"서준아, 아기 돼지 삼 형제가 재밌었니?"

"엄마, 무지무지 재밌었어요."

"그런데 아기 돼지 삼 형제에게는 그 뒤에 어떤 일이 일어났을까?"

"응, 엄마, 나도 무척 궁금해요."

"만약 아기 돼지 삼 형제가 만든 벽돌집도 무너뜨릴 수 있는 공룡이나 큰 괴물이 마을에 찾아온다면 어떻게 될까?"

"아마 셋째가 똑똑하니까 미리 잘 준비할 것 같아요."

"어떤 준비를 하면 막아낼 수 있을까?"

"엄마, 음, 그건 내 생각에…"

아이와 즐거운 상상을 해본 뒤에 함께 이야기를 만들어 보세요. 그리고 이야기를 좀 더 완성도 있는 형태로 정리해보세요. 그림 그리기를 좋아한다면 삽화도 그려보게 합니다. 이후 아이 스스로 아빠, 할머니, 할아버지 등 가족들에게 상상한 내용을 보여주면 더욱 좋습니다.

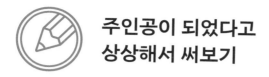

주인공이 되었다고
상상해서 써보기

글쓰기 지도를 통해 알게 된, 아이들이 가장 열광하는 글쓰기 활동 가운데 다른 하나는 바로 내가 주인공이라면 어떻게 했을까를 상상해보는 글쓰기입니다. 우리는 소설을 읽을 때 주인공이나 어떤 인물에 동일시 감정을 느낍니다. '동일시 identification'는 매우 중요한 심리 기제이자 성공적인 발달의 열쇠이기도 합니다. 아이들은 처음 부모에게 동일시를 강하게 느낍니다. 마치 그림자처럼 부모를 자신과 동일시합니다.

그리고 아이가 자라면 좀 더 다양한 사람, 사건 들에 동일시 감정을 느낍니다. 책에서 만난 멋진 주인공이나 위인은 가장 중요한 동일시 대상입니다. 아이들이 작품에 몰입하고 감정이입하여 작품의 주인공이나 전기의 위인과 자신을 동일시

할 때 성취 욕구와 성장의 동기도 더욱 커질 수 있습니다.

그러니 아이들에게 멋진 삶, 의미 있고 가치 있는 삶을 살아간 위인이나 소설 속 주인공의 삶을 충분히 그리고 다채롭게 알려주어야 합니다. 그것은 아이들에게 명작과 양서를 반드시 제공해야 하는 첫 번째 이유이기도 합니다. 그리고 아이들은 글을 읽다가 엉뚱한 상상을 할 때가 많습니다. 앞서 말씀드린 것처럼 이는 매우 중요한 사고 작용(확산적 사고)이기 때문에 절대 억압하거나 무시하지 말고 더욱 더 키워주어 오히려 상상력이 빅뱅할 수 있게 해주어야 합니다.

사실 책을 읽고 난 아이에게 가장 먼저 해야 할 질문은 '등장인물은 누구누구니', '줄거리가 뭐니', '주제가 뭐니'가 아닙니다. 어쩌면 독서 실패의 큰 원인이 여기에 있을 것입니다. 아이가 먼저 생각하고 싶은 것은 '만약 내가 주인공이었다면 그때 어떻게 했을까', '이런 일이 벌어질 때 나라면 어떻게 할까'일 것입니다.

그러므로 감동적인 독서 이후에 가장 먼저 물어야 할 것은 "너라면 어떻게 할 것 같니, 왜 그렇게 하고 싶어?" 같은 질문입니다. 또 앞서 설명한 "그다음에 어떤 이야기가 이어질 수 있을까?"입니다. 전래동화《심청전》으로 이야기를 해볼까요? 아이는《심청전》을 읽고서 지금과는 전혀 다른 당대의 가치관, 풍습에 먼저 놀랄 것입니다. 물론 부모는 아이에게 왜 주인공이 이런 선택을 했는지 역사적·문화적 배경을 충분히 설명해주어야 하겠지요.

이야기의 주인공 가운데 모든 선택과 결정을 완벽하게 잘해내는 인물은 드뭅니다. 이는 좋은 작품을 판가름하는 척도이기도 합니다. 흔한 신화나 영웅담과는 달리 잘 만들어진 이야기일수록 등장인물은 많은 역경과 고난을 겪으며, 반복되는 실수와 잘못된 결정으로 고초를 겪기 마련입니다. 이것은 공감적인 이야기 구조를 만드는 기초이고, 흥미진진하게 이어지는 핍진한 구성을 만드는 토대입니다. 어려운 상황에서 주인공이 내리는 결정은 모두 현명하지 않고 도리어 옳지 못할 때도 많습니다. 특히 비극적인 이야기일수록 주인공의 잘못된 선택이 파국으로 이어지는 원인이 되곤 합니다. 주인공이 성격적 결함을 가진 경우도 많지요.

아이들은 주인공이 어려움을 겪는 상황이 이어질 때, 함께 불편함을 느낍니다. 감정이입과 동일시 때문입니다. 그리고 항상 '주인공이 이런 선택이 아닌 다른 선택을 했다면 많은 것이 달라졌을 텐데' 하는 상상도 하게 되는 것입니다. 그럴 때마다 놓치지 말고 그 생각들을 글로 남겨보면 좋겠습니다. 이는 아이에게 비판적 사고, 주체적이고 합리적 사고 능력

을 키워주는 매우 중요한 자양분이 됩니다. 그래서 아이는,

"엄마 나는 심청이가 아무리 힘들어도 자신을 쌀 몇백 가마니에 파는 건 좋지 않은 선택이었다고 생각해. 그렇게 빈다고 정말 눈을 뜰 수는 없는 거잖아. 아직 심청이가 그 사실을 잘 알지 못해서 그런 선택을 했다고 생각해."

라고 말할 수도 있습니다.

저는 아이들과 이 글쓰기 활동을 할 때 "심청이에게 들려주고 싶은 말을 적어보세요"와 같은 방식으로 자주 질문합니다. 심지어 중학생들조차 몇십 분 넘게 이 질문으로 즐겁게 토론과 글쓰기를 이어나갈 수 있을 정도로 아이들에게 반응이 좋은 방법입니다. 이솝 우화 《토끼와 거북이》를 읽었다면 '토끼에게 들려주고 싶은 말을 적어보라'고 해볼 수도 있을 테고, 평소에 자신의 건강을 잘 돌보지 못해 조금 일찍 돌아가신 세종대왕이나 암에 걸렸던 스티브 잡스의 전기를 읽었다면 이들에게 너무 일만 하지 말고, 건강도 잘 관리했다면 좋을 거라고 당부하는 편지를 써볼 수도 있을 것입니다.

재미있었던 장면 이야기하고
문장으로 옮기기

마지막으로 독후감 쓰기 가운데 아이들이 매우 좋아하는 활동 중 하나는 바로 가장 재미있었던 장면에 대해 이야기하는 것입니다. 좋아하는 것이 욕구를 만들고 이야기를 펼쳐냅니다. 사랑은 이내 행동으로 나타납니다. 동기와 표현 욕구를 끌어내는 이 원리에 주목해보세요. 좋아하는 것에 대해서는 좀 더 많이 이야기하고 싶은 것은 인지상정입니다. 그 장면이 왜 좋은지, 왜 흥미진진한지, 왜 스릴 있었는지, 어떤 카타르시스를 느꼈는지, 어떤 몰입감을 주었는지, 하고픈 말이 끊임없이 샘솟기 마련입니다.

이 글쓰기 활동은 특별한 형식이나 방법에 따라 하지 않아도 좋습니다. 아이가 쓰고 싶은 대로, 쓰고 싶은 만큼 원 없이 하는 것이 좋습니다. 아이는 어떤 장면에 관해 놀랄 만큼 자세히, 오래 이야기할 수도 있습니다. 이는 아이들에게 상세한 묘사, 분석, 구성 능력을 키워줄 것입니다. 그러니 아이가 더 자세히, 많이, 오래 말하도록 해주어야 합니다.

'탁월함은 디테일에서 나온다'는 말이 있지요. 좋아하는 장면이 도화선이 되어 아이의 섬세한 상상력이 불을 뿜을 수 있게 해주면 됩니다. 어떤 장면을 깊이 있게 탐색하는 능력은 쉽게 만들어지지 않습니다. 한국 사회에 만연한 '빨리빨리' 문화는 느리게 사고하기, 즉 슬로싱킹을 가로막는 가장 큰 원인입니다. '빨리빨리' 문화는 아무 개성 없는, 자신만의 캐릭터가 없는 사람을 만드는 낭떠러지이기도 합니다. 빠르게 빠르게 주어진 지식만을 가르치는 것은 모두를 정체성 없는 존재로 획일화하는 일입니다.

그러니 아이가 가장 좋았던 장면 하나를 떠올리고 그 장면에 집중해서, 좀 더 많은 상상과 사유를 펼칠 수 있도록 자유를 가질 수 있으면 좋겠습니다. 이때 녹음기를 이용하면 아이가 방해받지 않고 마음껏 이야기할 수 있어요. 그리고 녹음 파일을 재생하여 아이가 가장 멋지다고 느낀 장면에 관해 하나의 에세이, 비평을 완성해봅니다.

5장

·

시냅스 글쓰기 4단계: 창의력 키우기

오늘 궁금했던 '이것'에 대해 써보는 아이디어 노트

흔히 선천적으로 창의성이 뛰어난 사람과 창의성이 부족한 사람으로 나뉘어 있다고 생각하기 쉽지만 누구에게나 창의성은 존재합니다. 창의성은 결코 누군가가 독점하는 대상이 아닙니다. 창의성만큼은 프리마켓, 오픈마켓입니다. 미하이 칙센트미하이는 창의성 연구의 고전《창의성의 즐거움》에서 천재나 특별한 사람만이 뛰어난 창의성을 발휘하는 것은 아니라고 말합니다. 자신이 속한 사회문화와 적극적으로 소통하며 재능과 열정을 창의적 활동에 쏟는다면 그 누구나 창의성의 즐거움을 누릴 수 있다는 것입니다. 칙센트미하이에 따르면 창의적인 결과물은 어느 정도의 재능과 인내심, 집중과 몰입, 성실성과 신념, 역사와 사회 그리고 적시적소에 존재했던 행운이 결합해 만들어지는 것입니다. 특히 그는 능력과 시대의 요구가 절묘한 결합을 이루는 순간을 강조합니다. 이는 운에 따라 결정되는 부분도 무시할 수 없지만, 무엇보다 창의적 활동에 대한 본인의 열정이 중요하다고 말합니다.

칙센트미하이는 몰입 능력과 창의성을 높이는 다양한 방법들을 알려줍니다. 그가 제안한 창의성을 키우는 4가지 원칙은 창의적으로 일하고 싶은 사람들과 창의적인 아이를 키우고 싶은 부모님이 꼭 새겨야 할 내용입니다.

 칙센트미하이가 말한 창의성의 4가지 원칙

1. 매일 무언가에 놀라움을 느껴본다.
2. 매일 적어도 한 사람을 놀라게 해본다.
3. 매일 자신이 경험한 것들을 기록해본다.
4. 무언가에 흥미가 당길 때 그것을 따라간다.

칙센트미하이 역시 창의성을 키우는 방법 중 하나로 글쓰기를 강조했습니다. 이 4가지 원칙은 '호기심의 확대'라는 원리를 가지고 있습니다. 주변을 항상 주시하며 혹시 신기한 일이 벌어지지 않는지, 그 일들의 숨은 원리는 무엇인지 열정적으로 탐색하는 것입니다. 그리고 그 과정에 몰입하며 호기심을 놓치지 않는 것입니다.

호기심의 불꽃을 키우는 아이디어 노트

아이가 느끼는 호기심은 참으로 소중한 의식이자 욕구입니다. 호기심의 대상에 관한 정보나 자료를 찾아 정리하는 글쓰기는 가장 기초적인 창의성 활동입니다. 아이와 함께 아이디어 노트를 만들어 주기적으로 기록해보세요. 매일 적으면 좋겠지만 아이가 부담스러워할 수도 있기에 주 몇 회 정도로 한정하고 호기심 대상에 관해 충분히 조사한 후 그 내용을 정리해보면 좋습니다. 이때 알게 된 내용만 적을 것이 아니라, 중간중간 떠오르는 아이디어를 함께 적는 것이 좋습니다.

요즘 아이들은 호기심이 많지 않다는 이야기를 자주 듣습니다. 아이들 손에 들려 있는 스마트폰 때문입니다. 아이들은 이제 스마트폰을 검색하거나 인공지능 스피커에게 물어보면 모르는 것에 대한 해답을 금방 찾을 수 있습니다. 이런 환경이 도리어 아이들이 가진 호기심의 싹을 말려죽입니다. 이는 부모님이 가장 경계해야 할 현안입니다. 인터넷 사전에 있는 지식, 인터넷에 떠다니는 정보는 결코 아이 본인의 것이 아니기 때문입니다.

호기심이 사라지면, 더 이상 아이의 뇌에도 지식과 사물의 원리가 쌓이지 않습니다. 탐구하고 풀어보고 싶은 대상이 없으니 지혜 역시 소멸하는 것입니다. 그러니 부모님이 똑 부러지는 표현으로 이에 대한 경계의 말을 아이에게 전달해주어야 합니다.

"인터넷에 무엇이 적혀 있는지, 어떤 정보가 있는지는 하나도 중요하지 않아. 네가 그것이 무엇인지 스스로 답할 수 있는 것이 중요하단다."

진정한 지식은 자기 것으로 변화·체화된 지식입니다. 이를 얻기 위해서는 자신이 그것을 제대로 알고 있는지 모르고 있는지를 깨닫는 메타인지 능력도 무척 중요합니다. 그러니 아이는 물론 부모님이 먼저 지식 편의성의 늪에 빠지지 않도록 조심해야 합니다.

최근 지식을 쉽게 가공해 판매하는 지식판매가들이 많아졌습니다. 하지만 이는 오히려 경계하고 고찰해볼 대상입니다. 진실한 지식은 언제나 깊고 그윽합니다. 그러니 아이와 모르는 것을 알아갈 때는 디지털 미디어들은 최대한 멀리하는 것이 좋습니다. 이미 많은 지식을 쌓은 부모와 처음 세상물정을 알아가는 아이의 입장은 다를 수밖에 없음을 인지하고 인내심을 가져야 합니다.

특히 동영상 매체는 책을 통한 지식 습득보다 즐겁고 편리하게 느껴지므로 아이들에게는 더욱 유혹적일 수밖에 없습니다. 선생님이나 부모님이 아닌 유튜브에서 세상살이를 배운다는 아이, 청년도 점점 늘어가고 있습니다. 이런 뉴미디어들이 부모에게는 편리한 정보 제공자이지만, 아이들에게는 호기심을 집어 삼키는 원인이 될 수 있습니다.

다만 아이 눈높이에서 잘 만들어진 교육용 동영상이라면 편수를 제한해 선별적으로 활용할 수도 있겠습니다. 그럴 때는 알게 된 내용을 꼭 노트에 정리할 수 있도록 지도해주세요. 이 책의 7장에서 배우게 될 코넬 노트 필기법을 이용해 요 며칠 가장 궁금했던 일에 관해서, 그리고 그것에 관해 공부하면서 새로 알게 된 사실을 적어보는 시간을 가지면 좋습니다. 이 역시 적어도 일주일에 한두 차례 이상은 필요한 활동입니다.

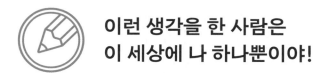

이런 생각을 한 사람은
이 세상에 나 하나뿐이야!

　매일 호기심의 대상을 찾아보는 것도 중요하지만, 일정 기간 여유를 갖고 새로운 창조물을 만들어보는 활동도 필요합니다. 아이들에게 스티브 잡스처럼 세상 어디에도 존재하지 않는 어떤 것을 만들어내는 기쁨을 가르쳐주세요.

　하지만 그것이 생각나는 대로 낙서하는 수준에 그쳐서는 안 되겠지요. 새로운 것을 창안하는 법도 체계적으로 차근차근 알려줄 필요가 있습니다. 이 책에서 제안하는 마음챙김 훈련이나 마인드맵 그려보기 등도 창의적인 사고를 돕는 효과적인 방법 가운데 하나이지만 창의적인 아이디어를 내는 데 도움을 주는 보다 체계적인 방법들이 또 있습니다. 가장 호평받는 방법은 '트리즈TRIZ'입니다. 트리즈는 '창의적 문제 해결을 위한 이론Theory of Inventive Problem Solving'이란 뜻의 러시아어입니다. 겐리흐 알트슈레르는 특허 심사를 하며 25만 건의 특허 가운데 4만 건을 분석해 창의적 발명에서만 발견되는 방법을 체계적으로 정리했는데, 그것이 트리즈입니다. 트리즈는 소련 개방 이후 가장 중요한 창의적 문제 해결법으로 자리 잡았습니다. 세계적인 기업들의 창의성 집단, 이를테면 보잉, GE, 지멘스, 현대자동차, 삼성전자 등에서도 트리즈를 적극 활용하고 있습니다. 트리즈의 강점은 아이디어 개발에 낭비되는 불필요한 시간을 줄이면서도 정교한 발명을 가능하게 한다는 점입니다. 그러나 트리즈는 금방 습득하기가 어려워 상당한 노력과 시간을 요하는 학습 대상입니다. 주요 방법만 간추려도 40가지가 넘기 때문입니다. 그리고 이 방법들을 능숙하게 활용해 아이디어를 도출하기까지는 많은 연습과 실전 경험이 필요합니다.

아직 개념부터가 생소하다면 고故 이경원 교수의 트리즈 강의 영상을 검색해보기 바랍니다. 부모님이 먼저 트리즈를 학습하고 알게 된 사실들을 노트에 정리해보세요. 믿을 만한 트리즈 참고서를 구해 구체적인 사례들을 통해 공부해본다면 더 좋겠습니다. 그렇게 배운 방법들을 가지고 아이들과 함께 새로운 창조물을 만들어보세요. 여기서는 트리즈의 핵심 방법 중 하나인 '분할segmentation'에 관해 간단히 소개해보는 것으로 만족하겠습니다. 분할은 문제 해결을 위해 대상을 더 작고 세분화해서 다방면으로 나눠보는 것입니다. 가령 다양한 다이어리용 속지를 개발해 상품화하는 것, 짜장면과 짬뽕을 함께 먹을 수 있는 짬짜면을 개발하는 것 등이 여기에 속합니다. 아이와 함께 분할의 방법으로 새로운 것을 만들고 창의적인 아이디어를 만들어보기 바랍니다.

표절에 대한 경계심 길러주기

아이의 창의성을 키워주려면 창의성 계발에 좋은 방법을 알려주는 것만큼이나 중요한 것이 바로 창의성을 망치는 글쓰기를 하지 않도록 안내하는 일입니다. 가령 남의 글을 표절하는 것은 창의성을 훼손할 뿐 아니라 자신의 인격을 파괴하는 일입니다. 아이들은 흔히 모방과 창작 사이에서 혼란을 느낍니다. 또한 모방과 표절 사이에서 아슬아슬한 곡예를 벌이기도 합니다. 남의 흉내를 내는 것 자체가 즐거워 일상적으로 흉내 내기를 할 수도 있습니다. 자칫 아이는 남이 쓴 글을 가져다 자기 글이라고 자랑할지도 모릅니다. 그러나 표절만은 어떤 이유에서도 해서는 안 될 일입니다.

이는 제가 아이들에게 글쓰기 과제를 내주었을 때 자주 마주했던 상황이기도 합니다. 다른 사람들에게 멋지게 보이고 싶기는 한데 당장 떠오르는 아이디어가 없어 고민이 될 때 아이들이 흔히 저지르는 잘못입니다. 그럴 때는 따끔하게 훈계하곤 했습니다. 물론 제가 세상 모든 글을 알 수는 없는 노릇이니 운 좋게 넘긴 아이들도 있겠지요.

표절은 심각한 죄입니다. 그러니 부모가 먼저 일찌감치 이에 관한 분명한 판단력과 책임감을 가르쳐야 합니다. 베껴서 적기 시작하면 죽을 때까지 남의 것을 베끼거나 도둑질하는 습성에서 벗어나기 어렵습니다. 들키지만 않으면 과제를 수행하기가 훨씬 쉬울 뿐더러 얻는 이득도 무척 크기 때문입니다.

이는 우리 사회에 생각보다 널리 퍼져 있는 일입니다. 우리는 최근 유명 작가들의 표절 사건을 심심찮게 뉴스로 접하고 있습니다. 표절을 통해 명성을 쌓거나 상업적으로 성공한 사례도 적지 않습니다. 가령 일본 근대문학의 아버지로 추앙받는 나쓰메 소세키의 《나는 고양이로소이다》는 독일 작가 에른스트 호프만의 소설 《수고양이 무어의 인생관 Lebensansichten des Katers Murr》을 표절한 것으로 의심받습니다. 일본뿐만 아니라 우리나라에서도 표절의 사례를 찾는 것은 어렵지 않습니다.

만약 아이가 남의 글을 베껴 적거나 모방했을 때는 꼭 그 출처를 밝히는 원칙과 습관을 가르쳐야 합니다. 오마주, 패러디, 혼성모방, 콜라주 같은 정당한 모방의 기법도 알려주세요. 또한 설사 기한 내에 글을 쓰지 못하는 일이 있어도 남의 글을 도둑질해서는 안 된다는 원칙을 신신당부해야 합니다. 그리고 아이에게 창의적으로 글을 쓸 수 있는 효과적인 방법들도 잘 알려주어야 하겠지요.

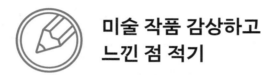

미술 작품 감상하고
느낀 점 적기

아이들은 언어 이전의 세계에 친밀합니다. 아직 말을 모를 때, 이제 막 말을 알게 되었을 때, 글까지 알게 되었을 때의 상상력이 각각 다릅니다. 또한 어떤 매체를 쓰느냐에 따라서도 상상력은 달라질 수 있습니다. 가령 시나 랩 같은 경우는 정교한 언어성을 가진 예술 장르입니다. 반대로 고흐의 그림이나 BTS의 군무처럼 비언어적인 예술 장르도 있지요. 언어적 상상력이 있다면 비언어적 상상력도 있습니다. 언어는 사물을 사로잡지만 대상을 모두 포착하지 못하는 한계도 가집니다. 아이들은 말을 배운 지 한참 지난 후에도 언어가 존재하지 않는 세상에서 상상력을 펼칩니다. 아이는 '하늘이 파랗다'는 말을 배우기 전까지 하늘의 색깔에 대해 풍부하고 복잡한 느낌과 인상을 가집니다. 하늘이라는 단어를 들었을 때 파란색이 떠오르는 상상의 한계에서 자유롭습니다. 인상주의 화가들의 그림을 본 적이 있을 것입니다. 그들의 그림에서 하늘이 파란색 하나로 표현되는 일은 찾기 어렵습니다.

토머스 웨스트의 명저 《글자로만 생각하는 사람 이미지로 창조하는 사람》에서는 문자 사용에 약했지만 이미지로 사유하는 능력만큼은 탁월했던 테슬라, 다빈치, 에디슨, 아인슈타인, 피카소, 스티브 잡스의 시각적 창의성을 확인할 수 있습니다. 사물을 언어로 또 언어를 사물로 바꾸는 과정에도 매우 창의적인 여백이 놓여 있습니다.

아이는 어른과 달리 글자가 아닌 이미지로 창의적인 사유를 할 때가 많습니다. 이미지로 사유하는 방법을 글로 표현해보는 매우 기초적인 활동을 하나 소개해볼까 합니다. 아마 이 책을 읽는 부모님들은 이미 멋진 그림들을 많이 알고 있을 것입니다. 고흐의 〈별이 빛나는 밤〉 말고도 〈해바라기〉 연작이나 〈감자 먹는 사람들〉 같은 작품도 있고, 이중섭의 〈흰 소〉, 김환기의 〈론도〉나 〈어디서 무엇이 되어 다시 만나랴〉 등 다양한 작품을 아이들에게 보여주세요. 공간지능이나 미술재능이 뛰어난 아이가 아니어도 대부분의 아이들은 참으로 다채롭고 신선한 방식으로 이 그림을 설명하고 표현할 것입니다.

이때는 큰 화면의 TV를 활용하면 효과적입니다. 물론 미술관을 찾아 직접 감상하고 이야기하는 것이 더 좋지만, 여러 가지 한계가 있는 일이기에 TV 화면에 이 그림을 띄우고 그림의 구석구석을 아이와 함께 자세히 살펴보는 것입니다. 그림을 펼쳐놓고 아이와 대화를 이어나가다 보면 아이의 생생한 상상력에 놀랄 것이고, 또 전에는 경험하지 못한 예술적 교감을 통한 소통의 기쁨을 경험하게 될 것입니다. 예술은 그 자체로 멋진 것이지만 예술을 향유하는 사람들의 소통을 통해서도 빛이 납니다. 교과서에서 배웠던 김춘수 시인의 〈꽃〉이라는 시처럼 대상을 말로 표현하는 것이 대상을 이해하는 시작입니다.

프린트로 다음과 같은 형식의 글쓰기 활동지를 만들어보세요. 그리고 그림을 보고 아이와 나눈 이야기들을 적어봅니다. 그림에서 발견한 것들, 사물, 색, 자연물 하나하나를 자신의 느낌과 생각에 따라 풀어보게 합니다. 이렇게 쓴 그림 감상문은 바인더에 넣어 보관합니다. 다음에 다시 보며 생각나는 것을 추가로 적을 수 있게, 한 번에 모두 적지 않아도 좋습니다. 어쩌면 아이는 문득 "하늘의 별과 달이 서로 이어져 있어요. 서로 사랑을 나눠요"라고 말할지도 모릅니다.

미술 작품 보고 글쓰기

- 〈별이 빛나는 밤〉, 빈센트 반 고흐

좋아하는 노래를 듣고
느낀 점 쓰기

아이들에게 동요 듣기와 부르기는 독서나 글쓰기만큼이나 중요한 활동입니다. 아이는 자신이 좋아하는 동요로 즐거운 상상력을 펼칠 수 있습니다. 노래 가사 따라 적기는 무척 단순한 활동이지만 아이들의 숨은 상상력을 자극합니다. 멋진 동요는 동시를 가사로 사용한 것이 많고, 그 자체로 한 편의 시가 되는 가사를 가진 경우도 많습니다. 또한 노래 가사 따라 적기는 그 자체로 훌륭한 글쓰기 활동입니다. 함께 가사를 따라 적으며 아이가 모르는 단어나 사물이 나오면 부모님이 잘 알려줄 수 있습니다. 또 아이들에게 말에는 가락이 있으며 그 가락을 자유자재로 변화시킬 수 있음도 알려주세요. 말에 가락을 붙이면 멋진 노래가 된다는 사실도요.

이는 시를 감상하는 능력을 키우는 기초 활동입니다. 리듬에 맞춰 노래를 부르는 일은 아이의 두뇌 발달에도 큰 효과가 있습니다. 여러 번, 아니 몇십 번 이상 부른 노래에 대해 아이들은 자기만의 상상을 가지기 마련입니다. 그 상상을 놓치지 말고 글로 표현하는 것입니다.

활동지는 매우 간단합니다. 처음부터 활동지에 가사를 적지 말고 아이가 외워서 적게 해주세요. 잘 기억나지 않는다면 동요를 재생해 들려주세요. 가사는 바로 보여주지 않는 것이 좋습니다. 보지 않고 적으니 자연스럽게 받아쓰기 연습도 되겠지요. 부모와 함께 동요를 부르거나 재생하여 들으며 가사를 옮겨 적습니다. 이렇게 가사 적기를 완성하면 이 노래를 부르며 아이가 느끼고 생각했던 것을 적게 해줍니다.

동요 옮겨적고 느낀 점 쓰기

제목: 구슬비

송알송알 싸리 잎에 은구슬 조롱조롱 거미줄에 옥구슬

대롱대롱 풀잎마다 총총 방긋 웃는 꽃잎마다 송송송

고이고이 오색실에 꿰어서 달빛 새는 창문가에 두라고

포슬포슬 구슬비는 종일 예쁜 구슬 맺히면서 솔솔솔

느낀 점: 구슬비가 내리면 꽃과 풀에 동그란 빗방울이 맺혀요. 동그란 빗방울을 잘 살펴보면 반짝거리는 투명한 구슬 같아요. 너무 예뻐서 집으로 가져오고 싶어요. 노래 가락이 무척 즐겁고 상쾌해요.

처음부터 칸을 모두 채우려고 하지 말고, 여유 공간을 두고 적게 합니다. 역시 바인더에 철해두었다가 새로운 생각이 떠오를 때마다 꺼내 첨삭하게 해주세요. 동요 감상문이 쌓이면 자기만의 음악 비평집을 만들어볼 수 있습니다. 처음부터 몇 가지 형식으로 통일해도 좋습니다. 이 활동을 통해 아이는 더 많은 동요를 배우고 싶어 할 것이고, 더 많은 동요를 외우고 싶어 할 거예요. 그리고 그것이 자연스럽게 다양한 발달과 성장으로 이어질 것입니다.

아이가 조금 더 자라 초등학교 고학년이 되면 아이에게 좋아하는 유행가가 생길 것입니다. 이를 너무 무시하거나 저 평가하지 말고 그 유행가 가사 역시 직접 적어보고 의미를 새기는 글쓰기 소재로 활용하면 좋겠습니다. 가령 BTS의 노래 가사들 대부분에도 배우고 음미해볼 만한 내용이 무척 많답니다.

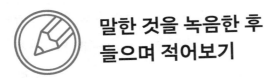

말한 것을 녹음한 후 들으며 적어보기

유명 작가들 중에는 생각이나 이야기, 사건, 상황 등을 생각나는 대로 녹음해두었다가, 나중에 옮겨 적는 글쓰기 방식을 활용하는 경우가 많습니다. 컴퓨터 앞에 앉아 있을 때나, 노트를 펼쳤을 때는 잘 떠오르지 않던 아이디어들이 걸으며, 운동하며, 다른 예술 체험을 하며 떠오르는 경우가 많기 때문입니다. 저 역시 녹음기는 아니지만 항상 메모지를 들고 다니며 떠오르는 좋은 표현이나 구상을 곧바로 메모하는 습관을 가지고 있습니다. 특히 걷기를 무척 좋아하는데요. 걷다 보면 풀리지 않던 생각이 자연스럽게 이어지고 발전될 때가 많습니다. 그럴 때마다 놓치지 않고 떠오른 내용을 얼른 메모합니다.

그런데 아이들 대부분은 생각을 곧장 글로 적는 것보다

말로 표현하는 것을 더 좋아합니다. 글로 적다 보면 글쓰는 행위 자체에 마음을 빼앗겨 새로운 아이디어를 떠올리기 힘들기 때문입니다. 무엇보다 생각을 글로 옮기는 일 자체가 힘든 일인지라 상상력의 여지가 줄어듭니다. 그래서 생각나는 것을 일단 녹음하고 나중에 이를 글로 옮기면 이런 단점을 잘 보완할 수 있습니다. 이는 녹음기가 생긴 후에 탄생한 혁신적인 글쓰기 방법입니다. 특히 이 방법이 가장 빛을 발하는 순간은 아이들이 생각나는 대로 이야기를 쏟아낼 때입니다. 무엇보다도 줄거리가 있는 동화나 소설 형식의 이야기일 때 매우 효과적입니다.

요즘은 스마트폰 덕분에 녹음이 더욱 간편해졌으니 예전처럼 녹음기를 들고 다닐 필요도 없습니다. 최근에는 녹음 파일을 바로 글로 변환하는 프로그램도 나와 있지만, 이 글쓰기 활동을 할 때만큼은 아이와 녹음 내용을 함께 들으며 직접 글로 옮기게 해보는 것이 좋습니다. 그 과정에서 자신이 무의식적으로 떠올린 이야기 가운데 좋은 것과 나쁜 것, 재미있는 것과 재미없는 것을 선별하고 편집하는 능력도 길러줄 수 있으니까요. 이때 몇 가지 주의할 사항을 적어보면 다음과 같습니다.

<u>말한 것을 녹음 후 적을 때 주의할 사항</u>

1. 우선 녹음이 잘 되는지 항상 점검해본다. 기계의 위치에 따라 음질에 차이가 나기 때문에 녹음이 잘못되었을 경우 글로 옮기느라 애를 먹을 수 있다.

2. 녹음 전 미리 어떤 주제, 어떤 내용, 어떤 주인공으로 이야기를 만들지 생각해둔다. 이를 아이와 상의하여 결정하고 좋은 글감을 생각해보라고 아이를 격려해준다. 상상력을 자극하는 주제나 소재라면 풍성한 상상이 펼쳐질 것이다.

3. 아이가 녹음을 의식하지 않도록 주의를 환기시켜준다. 녹음하고 있다는 사실 자체가 부담을 줄 수도 있다.

4. 부모님과 함께해도 좋지만 아이들끼리 모여서 상상해서 말하기 놀이를 하면 더욱 활발하고 즐거운 활동으로 발전시킬 수 있다.

5. 녹음 내용을 편집할 때도 그대로 적지 말고 새로운 내용을 첨가하거나 확장할 수 있도록 지도해준다. 혹은 일단 다 정리한 후에 첨삭할 것들을 함께 생각해보아도 좋다.

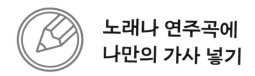

노래나 연주곡에
나만의 가사 넣기

　　한글을 처음 배워 글쓰기 연습을 할 때 '산토끼' 같은 동요를 활용하면 다양한 효과를 얻을 수 있습니다. 이일래 선생이 지은 '산토끼'는 과거 민족 교육, 한글 교육에 활용된다는 죄로 일제에 의해 이 곡이 수록된 악보집 전량이 폐기되는 비운을 맞기도 했습니다. 그래서 이 곡은 한동안 작자 미상으로 알려졌지요. '산토끼'는 문맹이 심하던 일제 강점기에 우리 아이들에게 한글을 가르치는 훌륭한 도구로 활용되면서 방방곡곡 퍼져나갔습니다. 당시 독립운동가 공덕귀 선생은 이 노래에 민족정신을 담아 "내 부모 내 형제 다 버리고 어디로 가느냐. 근화반도 그대 사랑 어디로 가느냐"라고 개사해 아이들에게 가르치기도 했습니다. 이 개사 동요가 유행하자 일제는 근화(무궁화)라는 단어를 문제 삼아 이 노래와 이 노래를 가르치는 교사들을 탄압했습니다.

동요를 자신이 생각한 가사로 개사해 부르기 역시 아이들이 무척이나 좋아하고 열성을 보이는 활동입니다. 이는 앞서 동요 가사 따라 적기와 동요 감상문 적기의 연계 활동 가운데 하나입니다. 이 글쓰기 활동은 창작의 즐거움과 성취감을 가장 쉽고 효과적으로 느끼게 해줍니다.

우선 동요 '산토끼'를 아이와 함께 부르면서 재미있는 율동과 놀이를 곁들여주세요. 이 동요를 처음 배운다면 다양한 활동으로 흥미를 진작시킬 수 있습니다. 토끼 인형으로 역할극을 해도 좋고, 아이와 함께 토끼 가면을 만들어 가면을 쓴 채 숨바꼭질 놀이를 해보아도 재미있습니다.

동요 가사 따라 적기

산토끼 토끼야 어디로 가느냐

깡총깡총 뛰면서 어디를 가느냐

산 고개 고개를 나 혼자 넘어서

토실토실 알밤을 주워서 올 테야

여러 가지 활동을 통해 아이는 이 노래에 무척 익숙해졌을 것입니다. 이처럼 아이가 동요를 충분히 친숙하게 느끼도록 해주는 것이 중요합니다. 이제 부모님이 아이에게 가사를 바꿔보자고 제안합니다.

동요 가사 바꾸어 적기

김영빈, 영빈아 어디로 가느냐

깡충깡충 뛰면서 어디로 가느냐

21동, 20동 나 혼자 걸어서

새콤달콤 젤리를 사갖고 올 테야.

이렇게 아이가 가사를 직접 바꾸었다고 해보죠. 간단하

고 쉬운 개사 활동이지만 아이는 무척이나 큰 즐거움과 만족감을 느낄 것입니다. 외워서 불러도 좋지만, 한글을 안다면 직접 바꾼 가사를 적어보게 해주세요. 물론 한글을 떼지 못했을 때도 이 활동은 좋은 발달 놀이가 됩니다.

가사 바꾸기는 자연스럽게 창의적·확산적 글쓰기로 이어질 수 있습니다. 가사가 없는 기악곡도 무척 많습니다. 물론 멋진 기악곡 대부분에는 가사가 이미 붙어 있지만 이를 무시하고 아이가 직접 가사를 지어보아도 재미있습니다. 노래 부르기나 음악을 좋아하는 아이라면 특히 더 좋은 반응을 보일 것이고 그렇지 않은 대부분의 아이들이라 하더라도 이 활동을 마음껏 즐길 것입니다. 자연스럽게 창작이 주는 큰 성취감도 체험할 수 있습니다.

이 활동은 조금 더 다양한 방식으로 확장할 수 있습니다. 초등학교 고학년 정도라면 직접 작곡, 작사를 해볼 수도, 랩을 만들어볼 수도 있습니다. 노랫가락과 가사가 함께 어우러지는 글쓰기는 아이들의 글쓰기 충동을 자극하는 훌륭한 활동이 될 것입니다.

생생한 경험을 통한
체험글 쓰기

잘 완성된 글의 형식은 크게 3~4가지로 분류할 수 있습니다. 먼저 상상해서 지은 **상상글**, 어떤 대상을 이해하고 분석하며 의견을 적은 **에세이** 그리고 자신이 경험한 일을 적은 **체험글**입니다. 여기에 운율을 담은 **운문** 정도를 추가할 수 있을 것입니다. 물론 이런 글 형식들이 서로 섞인 복합적인 글도 있습니다.

우리 교육은 에세이 쓰기에 집중하며, 상상글이나 체험글 쓰기에는 상대적으로 소홀한 편입니다. 점수화할 수 없는 글쓰기이기 때문입니다(물론 에세이를 점수화하는 것도 쉽지는 않습니다). 그래서 단답식이나 주관식 문제를 주로 시험으로 내는 것이고요.

상상글이나 체험글을 평가하는 명확한 기준이 있다면 조앤 롤링의 《해리 포터》 원고를 12개나 되는 출판사가 거절하지 않았을 테고, 장 앙리 파브르가 쓴 《파브르 곤충기》를 당대 학자들이 그토록 비난하지도 않았을 것입니다. 《해리 포터》 원고를 출판사들이 거절한 것을 두고 인류가 저지른 최고의 실수라고 칭하기도 하지요. 또 《파브르 곤충기》는 처음 나왔을 때는 과학을 가볍게 취급한다는 주변 학자들의 갖은 비판에 시달렸지만, 현대에 와서는 과학 글쓰기의 귀감이자 전형으로 자리 잡았습니다. 저 역시 어린 시절 《파브르 곤충기》의 열렬한 독자였는데요. 《시튼 동물기》와 함께 어린 시절 제 최애 도서였습니다. 그 덕분에 자연 관찰을 무척이나 열심히 했던 기억도 있습니다.

'체험적 진실'이라는 것이 있습니다. 우리는 많은 사실을 책이나 정보 미디어를 통해 간접적으로 받아들이지만, 자신이 직접 겪어서 알게 된 이해와 통찰은 간접 체험보다는 훨씬 강렬하고 충만한 것이 사실입니다. 그런데 아이들이 일상에서 충분히 경험을 하지 못한 채 답습되고 정형화된 기록 방식에만 지나치게 노출되다 보면 쉽게 타성에 젖을 수 있습니다. 가령 한글을 뗀 후 아이들 대다수가 자의 반 타의 반 일기 쓰기를 합니다. 하지만 일기 쓰기도 관성화되면 그 역시 억지로 하는 숙제로 전락하기 쉽습니다. 처음에는 즐겁게 시작했지만 어느 순간 무감각하게 채워내는 의미 없는 숙제가 되고 마는 것입니다. 그리고 그런 고착화가 아이들의 상상력을 죽이는 원인이 되기도 합니다.

이러한 일이 일어나는 가장 큰 원인은 체험의 부족입니다. 기록할 만한 것이 없으니 일기가 쓰기 싫어지는 것입니다. 누구에게나 그렇지만 특히 아이들에게 하루하루의 체험은 소중합니다. 자신의 체험을 생생하게 기록해보는 일은 비단 글쓰기뿐만 아니라 아이의 전인적인 발달을 위해서도 매우 중요한 활동입니다. 위대한 철학자 로버트 노직은 직접적 체험이 가진 의미와 중요성을 철학적으로 논증한 바 있습니다. 그는 스마트폰에 묻혀 살아가게 될 지금의 현대인을 예견이라도 하듯 이런 철학적 논제를 던진 바 있습니다. "만약 '경험기계'라는 것이 있어서 모든 감각과 생각을 실제처럼 느끼게 해준다면 당신은 외부와 차단된 채 평생 혼자 그 기계 속에서 살아갈 것인가?"라는 질문이었습니다. 뛰어난 영화 〈매트릭스〉는 노직의 이런 철학적 질문에 기초해서 만들어졌다고 하지요. 근래 어른들뿐만 아니라 많은 아이들이 이 경험기계 속 존재처럼 살아갑니다. 코로나 팬데믹을 겪으며 우리의 삶에서 직접적 체험은 더욱 더 빠르게 사라지고 있습니다. 우리 모두가 〈매트릭스〉 속의 인간 건전지처럼 변해가고 있는지도 모르겠습니다.

　물론 부모 입장에서 아이에게 의미 있는 체험을 제공한다는 것이 쉽지 않을 것입니다. 생계를 두고 자연 풍광이 넘치는 산이나 바다로 거처를 옮길 수도 없는 노릇입니다. 하지만 꼭 많은 에너지와 큰 비용을 들여야만 값진 체험을 할 수 있는 것은 아닙니다. 주말에 아이와 함께 윤동주문학관이나 한글박물관에 들리는 일이 그리 힘들기만 한 일은 아닙니다. 하루쯤 공기 맑은 곳에서 아이와 함께 은하수와 빛나는 별들을 바라보는 일 또한 그러합니다. 물론 이런 체험들마저도 버겁게 느껴지는 상황이라면 가능한 한 에너지 소모가 적고 품도 덜 드는 일상의 발견을 찾아 아이와 함께 탐색해보는 경험을 가졌으면 합니다.

　아이들은 태어나 처음 해보는 것이 무척 많습니다. 함께 물이 든 컵에 양파를 올려 양파 싹이 자라는 것을 관찰해보세요. 강낭콩 몇 알을 구해 화분에 심어 베란다에 키워보세요. 길을 지나가는 고양이를 조용히 관찰하게 해주세요. 어른에게는 흔하고 사소한, 대수롭지 않은 일이 아이들에게는 새롭고 때로는 난생 처음 경험해보는 일입니다. 이러한 체험들을 바탕으로 꾸준한 체험글 쓰기를 연습한다면 초등학교에서 과제로 주어지는 보고문 과제도 잘해낼 수 있는 힘이 생깁니다. 그러니 체험적 진실을 글로 옮겼을 때의 성취감과 기쁨을 아이에게 알려주세요. 다음은 체험글을 쓸 때 필요한 매우 요긴한 몇 가지 기법을 정리한 것입니다.

 체험글 쓰기를 도와주는 5가지 방법

1. 너무 많은 사진을 곁들이는 것은 오히려 글쓰기에 방해가 되지만, 중요한 순간을 담은 몇 컷의 사진은 아이에게 생생한 느낌과 더 많은 생각을 떠올려주는 매개체가 되니 체험 활동마다 사진을 몇 장씩 남긴다. 사진을 보며 글을 쓰게 한다.

2. 기자 수첩 같은 메모장을 들고 다니면서 중간 중간 떠오르는 단상이나 놓치기 쉬운 내용들을 기록하도록 메모장 쓰는 법을 알려준다. 조금 바쁠 때는 스마트폰 녹음 기능을 이용해도 괜찮다.

3. 아이의 시야에 보이지 않는 부분들을 슬쩍 일깨워주는 대화를 한다. "주안아, 저기 새끼 사슴도 있네. 저쪽으로 가볼까? 어머나, 사슴이 참 귀엽기도 하구나."

4. 체험 중간 휴식 시간을 가지며, 메모와 사진을 훑어보고 떠오르는 생각을 정리해보게 한다. 이때는 체험 노트를 활용하면 좋다. 메모장, 체험 노트는 체험마다 꼭 챙긴다.

5. 체험글 쓰기도 예습, 복습이 중요하다. 체험하기 전에 미리 관련 정보를 대강 훑어보면 효과적인 관찰과 체험이 가능하다. 만약 체험 시설에 안내 팸플릿이 있다면 미리 읽어본다. 체험 후 글을 쓰기 전에 관련 정보를 좀 더 압축해서 정리해보면 좀 더 치밀하고 효과적으로 글을 쓸 수 있다. 단, 컴퓨터나 스마트폰보다 가급적 백과사전이나 출력된 유인물 형태로 읽는 것이 바람직하다. 수고스럽겠지만 부모님이 정보들을 잘 갈무리해서 출력해준다. 컴퓨터로 검색하면 시각적 정보에 편중되기 쉽기 때문이다.

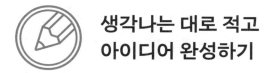

생각나는 대로 적고
아이디어 완성하기

세계적인 혁신가 알베르토 사보이아는 시간만 낭비할 것이 아니라 '처음부터 될 만한 아이디어'를 만들어야 한다고 말합니다. 그는 혁신적인 아이디어, 그러나 쓸모 있는 아이디어를 만드는 법을 알려주는 책《아이디어 불패의 법칙》에서 '프리토타입Pretotype' 기법을 소개하고 있습니다. 이는 구글을 비롯한 세계적인 혁신 기업들이 가장 중요하게 활용하는 아이디어 창안 방법입니다. 프리토타입 기법은 시제품prototype에 앞서pre-, '제대로 된 시제품인 척하면서' 제품화할 가치가 있는 '될 놈'인지의 여부를 값싸고 빠르게 검증하는 방법입니다. 이 방법을 아이에게 알려주면 쓸데없는 에너지와 시간 낭비를 크게 줄일 수 있습니다.

물론 아이라면 시간을 조금 낭비해도 괜찮겠지요. 무한정, 아무런 구애 없이 상상의 나래를 마음껏 펼쳐보는 경험도 결코 나쁘지 않은 일이니까요. 하지만 부모님이 아이에게 창의성을 계발하고 창조적인 사고를 할 수 있는 효과적인 방법들을 알려주는 일도 무척 중요합니다. 이와 관련된 사설 기관이나 공공 기관, 코치들도 많지만 사실 창의성은 일상에서 늘 필요하고 발휘되는 일이기에 아이와 함께 있는 부모님이 창의성에 관한 지식을 겸비하는 것이 더 필요합니다.

이때 앞서 설명했던 마인드맵 역시 새로운 아이디어를 떠올릴 때 매우 유용한 방법입니다. 마인드맵은 빌 게이츠, 잭 캔필드, 앨 고어 등 수많은 혁신가들이 가장 즐겨 사용하는 아이디어 생산법입니다. 특히 천재 레오나르도 다빈치는 역사상 가장 유명한 마인드맵 사용자라고 할 수 있습니다. 그의 아이디어 노트에는 이미 잘 알고 있기라도 했던 것처럼 마인드맵을 자유자재로 활용한 흔적이 펼쳐져 있습니다. 연구가들에게 다빈치의 아이디어 노트는 새로운 아이디어를 창조하는 방법을 알려주는 중요한 지침서입니다. 다빈치 노트는 아이들과 함께 공부할 때 활용하기에 좋을 비주얼 텍스트이기도 합니다.

마인드맵은 아이디어를 시각화해서 열린 사고를 촉진하

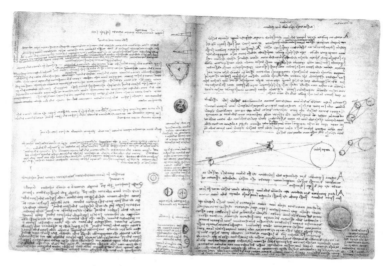

레오나르도 다빈치의 아이디어 노트

는 방법입니다. 사람의 뇌는 사방으로 아이디어를 확산하고 연결 고리를 통해 아이디어와 내용들을 연결하는데, 마인드맵 기법은 이런 뇌의 특성을 잘 반영해 확산적 사고에 도움을 줍니다.

일반적인 선형적인 메모(시간이나 인과 관계에 따라 일렬로 배열하는 메모 방식)와 달리 마인드맵은 중앙의 이미지 또는 텍스트로 표현되는 중심 개념으로부터 시작합니다. 여기서부터 자유롭게 바깥으로 가지를 연결해나가며, 다른 카테고리의 아이디어가 떠오르면 다시 가지를 뻗어 아이디어를 연결해나가면 됩니다. 중심에 놓인 이미지와 텍스트에 관련된 키워드

들을 잘 선정하는 것도 중요합니다. 토니 부잔의 마인드맵에 관한 지침서가 많으니 한번쯤 꼭 공부해보길 바랍니다. 아이들을 위한 마인드맵 지도서를 활용하는 것도 좋습니다.

또 하나 확산적 아이디어 창안법으로 유명한 것이 스캠퍼S.C.A.M.P.E.R 기법입니다. 미국의 교육학자인 밥 에벌이 고안한 창의적 사고 기법입니다. 영어로 스캠퍼는 경주마라는 뜻인데, 7가지 방법의 첫 글자를 따서 만든 말입니다.

첫 번째는 S, 다른 것으로 교체해보기Substitute입니다. 이미 있는 대상이 가진 성분, 사람, 재료, 과정 등을 다른 것으로 대체해보는 것입니다. 종이 만화를 인터넷으로 옮긴 웹툰이 그 예입니다.

두 번째는 C, 서로 합쳐보기Combine입니다. 이미 있는 것들을 합쳐서 새로운 것을 만들어보는 방법입니다. 스티브 잡스가 생각해낸 아이폰이 여기에 해당되겠지요. 전화기와 컴퓨터를 연결했죠.

세 번째는 A, 응용, 조정해보기Adapt입니다. 이미 존재하는 대상의 용도를 바꾸어보는 것입니다. 헬기의 프로펠러는 단풍잎의 씨앗이 떨어지는 것을 보고 만들었다고 하죠.

네 번째는 M, 수정하거나 확대하거나 축소해보기Modify, Magnify, Minify입니다. 이미 존재하는 대상의 형태나 색, 무게,

의미 등을 바꾸어 새롭게 만들어보는 것입니다. 우리 손에 든 스마트폰은 큰 컴퓨터를 작게 축소한 것이기도 하지요.

다섯 번째는 P, 다른 쓰임새 생각해보기Put to other use입니다. 이미 사용되는 방식의 사용법을 다른 방식으로 바꾸어보는 것입니다. 빵에 넣는 베이킹파우더가 요즘은 세제로 더 많이 활용되고 있지요.

여섯 번째는 E, 없애보기Eliminate입니다. 이미 있는 물건에서 일부를 제거해 새로운 것을 만들어보는 것입니다. 요즘 무선 제품이 많아지고 있지요. 선이 달린 마우스를 무선 마우스로 바꾸는 것이 제거하기에 해당됩니다.

일곱 번째는 R, 반대로 해보기, 순서 바꾸기Rearrange입니다. 예술가들이 무척 많이 쓰는 방법입니다. 역발상이라는 뜻도 있습니다.

스캠퍼 기법 역시 앞서 설명한 마인드맵과 함께 대표적인 확산적 사고 방법입니다. 그 외에도 확산적 사고 기법으로 브레인스토밍Brainstorming, 브레인라이팅Brainwriting, 강제결합법Forced Relationship, 여섯 색깔 사고 모자 기법STH·Six Thinking Hats, 연꽃 기법 등 다양한 방법이 있습니다. 부모님이 먼저 이 방법들에 대해 공부해보고 아이들에게 알려주면 좋겠습니다.

이외에도 아이와 수시로 아이디어 회의를 가져보세요.

별로 중요한 안건이 아니라도 회의를 하며 창의적인 사고를 할 기회를 만들어보세요.

"엄마가 이번에 가구를 몇 개 옮기려고 하는데, 어떻게 하면 좋을까?"

사소한 질문이지만 아이들의 대답에서 놀랍고 기발한 상상들을 무척 많이 만날 것입니다. 아이들이 낸 아이디어들은 당연히 잘 정리해보아야겠지요. 글과 그림, 도표 들을 사용해 생각해낸 멋진 아이디어들을 정리해보세요. 아이에게 레오나르도 다빈치의 노트와 같은 아이디어 노트를 만들어준다면 더욱 좋겠습니다.

창체 수업을 따분하게
만들지 않는 기술

시냅스 글쓰기 4단계인 창의력 키우기를 마무리하며, 이 창의성이라는 주제에 대해 조금 더 깊이 생각해보았으면 합니다. 아이가 초등학교에 입학하면 '창체', 즉 창의적인 체험 활동이라는 이름의 수업을 받습니다. 교과 학습 외에 특별한 활동을 통해 창의성을 키우는 과정입니다. 최근 변화하는 시대상을 반영한 것이기도 하고, 그만큼 창의성이 중요한 시대가 되었다는 뜻이기도 합니다. 이처럼 학교와 가정에서 모두가 창의성을 부르짖지만 사실 창의성을 제대로 통찰하고 있는 이야기를 찾기는 힘듭니다. 창의성이 그저 각자가 책임져야 할 숙제가 되고 만 것입니다. 이처럼 아이들의 창의성 교육은 참으로 큰 난제입니다.

흔히 창의적 체험활동은 학교생활기록부에서 '자, 동, 봉, 진'이라 불리는 활동을 가리킵니다. 즉 자율 활동, 동아리 활동, 봉사 활동, 진로 활동 이 4가지가 창체 시간에 다루어집니다. 그런게 이 창체 수업을 여전히 지루하고 따분한 시간 때우기로 느낀다고 말하는 아이들이 많습니다. 활동 시간을 아무리 강제로 만들어도 스스로 느끼고 배우고 깨닫는 것이 없다면 그저 아까운 시간 낭비일 따름입니다. 그런데 아이들이 받아오는 창체 교재나 학습지를 잘 살펴보세요. 학교나 교육청에서 아무 생각이나 준비 없이 만든 것들이 아닙니다. 그중에는 내 아이에게 무척 도움이 될 만한 것들도 많습니다. 학교 창제 수업 과제들만 충실히 따라가도 어지간한 창의성 수업의 평균치 이상을 따라갈 수 있을 것입니다.

저 역시 이 '창의성'이라는 주제에 관해 오래 연구하고 관련된 책과 논문을 열심히 찾아 공부했습니다. 그리고 그 과정에서 정말 '아는 만큼 보인다'는 사실을 절감했습니다. 그래서 상담실에서 부모님들을 만날 때마다 창의성이 중요하다고 말만 할 것이 아니라, 부모님부터 창의성을 키우는 법, 창의적으로 사고하는 법을 배워야 한다고 당부하곤 합니다.

아이들의 창체 수업이나 창의성 수업을 지켜보면서 늘 느끼는 것은 이상과 현실의 괴리입니다. 이런 수업을 기획하고 제안하는 쪽에서 기대하는 것과 실제 현장에서 이루어지는 것 사이에는 너무도 큰 간극이 존재합니다. 사실 학교가 모든 것을 해줄 수는 없습니다. 이미 학교가 해야 할 일이 너무 많기에, 또한 코로나로 촉발된 언택트 시대를 살아가면서 학교만이 아이들의 창의성 계발을 이끌어나가기에는 여력이 부족해보입니다.

여러 여건상 부모님이 창의성 교사로 나설 수밖에 없는 상황인 것입니다. 내 아이를 믿을 만한 창의성 학교나 교육기관에 맡길 것이 아니라면, 부모님이 창의성 선생님이 되는 일을 피할 수 없습니다. 이 책에서 창의성에 관한 방대한 이야기를 모두 담기는 힘들기에, 여기서는 이렇게 문제제기만 하고 제게 큰 깨달음을 주었던 책 몇 권을 알려드리는 것으로 마무리하고자 합니다.

창의성 계발에 도움과 인사이트를 주는 책들

미하이 칙센트미하이의 《창의성의 즐거움》, 《십대의 재능은 어떻게 발달하고 어떻게 감소하는가》
스콧 배리 카우프만·캐롤린 그레고어의 《창의성을 타고나다》
로버트 스턴버그의 《창의성》, 《지혜의 탄생》

제임스 카우프만의《창의성 101》

보니 노이바우어의《창의적 글쓰기 100일의 기적》

켄 로빈슨·루 애로니카의《누가 창의력을 죽이는가》

미셸 루트번스타인·로버트 루트번스타인의《생각의 탄생》

미셸 루트번스타인의《내 아이를 키우는 상상력의 힘》

데이비드 이글먼·앤서니 브란트의《창조하는 뇌》

미하이 칙센트미하이의《창의성의 즐거움》은 이 분야 최고의 고전이다. '창의성이란 무엇인가'라는 질문에 대한 큰 얼개를 잡아줄 것이다. 이 책과 함께 그의 저서《십대의 재능은 어떻게 발달하고 어떻게 감소하는가》는 부모라면 놓칠 수 없는 책이다.

스콧 배리 카우프만·캐롤린 그레고어의《창의성을 타고나다》는 창의성을 만들어내는 비범한 생각 10가지를 알려준다. 로버트 스턴버그의《창의성》역시 이 분야의 고전으로 이 책과 함께 스턴버그의 또 다른 저서《지혜의 탄생》도 꼭 읽어보기 바란다. 지성보다 중요한 지혜에 관해 그리고 지성의 미래에 관해 말해준다.

제임스 카우프만의《창의성 101》역시 창의성 연구의 대가인 저자의 역작이다. 하워드 가드너의《열정과 기질》은 읽기 쉬운 책은 아니지만 창의성에 관해 알고 싶은 분이라면 꼭 읽어야 할 책이다. 이 책 외에도 가드너는 창의성과 관련된 다양한 연구와 저서를 출간한 바 있다. 보니 노이바우어의《창의적 글쓰기 100일의 기적》는 글쓰기와 창의적 사고를 결합하는 방법을 제시하는 책이다. 성인 대상의 책이지만 아이들에게 알려줄 만한 내용도 제법 있다.

켄 로빈슨·루 애로니카의 《누가 창의력을 죽이는가》는 산업 역군을 대량으로 만들어내는 표준화 교육이 어떻게 아이들의 창의성을 망쳐왔는지를 알려주는 비판적인 성찰을 담은 책이다.

미셸 루트번스타인·로버트 루트번스타인의 《생각의 탄생》 역시 창의성에 관한 고전이다. 특히 미셸 루트번스타인이 지은 《내 아이를 키우는 상상력의 힘》은 아이의 창의성을 키우는 양육에 관한 풍부한 지침을 알려준다. 특히 뛰어난 창조자들이 즐겼던 '월드플레이'에 대해 배울 수 있다. 데이비드 이글먼·앤서니 브란트의 《창조하는 뇌》 역시 창의적이고 예술가 기질이 있는 아이를 키우는 부모라면 꼭 읽어볼 만한 책이다.

6장

·

시냅스 글쓰기 5단계:
부모와 소통하기

마음속 깊은 마음을 전하는
사랑의 글쓰기

부모와 좋은 관계를 유지할 때 아이는 더 낙관적으로 변화하고 더 지혜로워집니다. 만약 아이와의 소통이 어렵다면 서둘러야 할 쪽은 부모입니다. 부모님이 조금만 대화법을 바꾸어도 큰 변화가 나타나기 때문입니다. 가족상담에서 매번 체감하는 일입니다. 안타깝게도 틀어진 관계의 잘못 대부분이 부모님에게 있는 경우를 자주 접합니다. 부모님에게 말을 배운 아이에게 책임을 물을 수는 없겠지요. 아이가 어리다면 더 그렇습니다. 아이에게 잘못이 있다 해도 그 비율이 5퍼센트를 넘지 못할 것입니다.

그러니 부모가 된 이후 가장 힘쓸 일은 자신의 말투를 가다듬는 것입니다. 물론 어떤 부모님도 완벽한 대화자일 수 없습니다. 부모로는 처음 살아보니까요. 하지만 사랑하는 내 아이를 위해 진심으로 대화를 배워나가야만 합니다. 부모의 한 마디가 아이에게 꽃비가 되어 내릴 수도, 비수가 되어 박힐 수도 있습니다.

상담실을 찾은 많은 부모님이 자신이 현재 처한 상황을 엎질러진 물처럼 느끼곤 합니다. 이미 되돌리기에는 너무 어렵다며 체념해버리는 것이죠. 하지만 부모와 자식 사이에 너무 늦은 시간이란 없습니다. 실제로 상담 과정에서 이런 편견이 뒤집히는 광경을 자주 목격합니다. 부모님이 늙어 거동이 힘들어질 때라도, 자녀들이 장성해 멀리 떨어져 지낼 때라 하더라도 부모와 자식 사이는 더 아름답고 친밀해질 수 있습니다.

부모의 말은 오늘도 내일도 배우고 익혀야 할 대상입니다. 사랑의 말, 긍정의 말, 칭찬의 말, 잘못을 바로잡는 말, 진실을 정확하게 알려주는 말을 하나씩 배워가야 합니다. 사랑의 말을 배우고, 사랑을 전하는 대화법을 가다듬어야 합니다. 부모는 자녀와 아름답게 공존하고 서로 공감하는, 서로 상처 주지 않는 비폭력적인 대화를 나누어야 합니다. 《비폭력 대화》는 가장 권장할 만한 대화법을 소개하는 책입니다. 책이나 동영상 강의를 통해 맨 먼저 비폭력 대화부터 배워보기 바랍니다. 그렇게 부모님이 먼저 자신을 변화시켜나가기 바랍니다.

시중에 자녀와의 대화법에 관한 책이 많지만, 실용적이고 가벼운 접근보다는 근본 원리를 체득하는 책이 더 도움이 됩니다. 또한 자녀와의 대화법에 관한 책 읽기는 다다익선입니다. 이때 대가들의 책을 통해 근본 원리를 이해하면 좀 더 빠른 성장을 기대할 수 있습니다. 그러니 바쁘고 여유가 부족할수록 《비폭력 대화》,《감정 코칭》,《낙관적인 아이》,《양육솔루션》 같은 고전을 통해 대화법의 기초와 적용 방법을 배워보기 바랍니다. 실질적인 사례나 다양한 용법에 관한 양육서는 그다음에 천천히 읽어도 문제가 되지 않습니다. 자녀와의 대화법을 공부하면 자녀 양육과 교육이 한결 쉬워집니다. 대화법 공부에서 양육과 발달의 기본을 함께 체득할 수 있기 때문입니다.

그리고 이것은 6장에서 집중적으로 소개하고자 하는 부모와 소통하는 글쓰기에도 응용됩니다. 아이는 글쓰기를 통해서도 사랑을 배울 수 있습니다. 부모의 사랑을 느낄 수 있습니다. 부모 역시 글쓰기를 통해 아이와의 깊은 소통을 경험할 수 있습니다. 이러한 사랑의 글쓰기는 글쓰기 시냅스를 키우는 동시에, 아이 마음을 제대로 이해하고 부모님의 사랑을 아이에게 전할 수 있는 이상적인 기회입니다. 소통과 교류, 사랑과 신뢰의 글쓰기입니다.

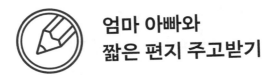

엄마 아빠와
짧은 편지 주고받기

　가족은 늘 함께하기에 서로 편지를 주고받는 일에 소홀해지기 쉽습니다. 물론 아이에게 스마트폰이 있다면 수시로 문자를 보낼 수 있겠지만 이러한 디지털 글쓰기는 손편지 쓰기와 많은 차이가 있습니다. 생각을 가다듬어 쓰는 글이 아니라 생각나는 대로 쓰는, 자동적 사고에 따른 글쓰기이기 때문입니다. 앞서 코끼리와 기수 이야기를 소개했지요. 자동적인 사고는 코끼리 편에서 움직이지만, 성찰적인 사고는 기수 편에 있습니다.

　가까운 사이라면 즉각적으로 반응하며 감정적으로 대화하기 쉽습니다. 그래서 디지털 소통이 오히려 가족 갈등의 주요 원인이 될 때가 많습니다. 그러니 꼭 디지털 매체로 소통해야 한다면 보다 강력한 자기검열이 필요합니다. 좀 더 이성적으로, 좀 더 공감적으로 글을 쓰기 위해 부단히 노력해야 합니다.

반면 손으로 꾹꾹 눌러쓰는 손편지는 뇌가 움직이는 과정부터가 다릅니다. 디지털 글쓰기에 반해 훨씬 많은 뇌 영역을 활용하며, 통일성 있게 맥락을 잘 유지하며 이루어지는 글쓰기입니다. 그래서 원고지에 손으로 쓴 글과 컴퓨터로 작성한 글 사이에는 많은 차이가 존재하곤 합니다. 아이가 편지를 좀 더 자주, 많이 쓸 수 있도록 유도해야 하는 이유가 여기에 있습니다.

냉장고에 작은 편지함이나 편지꽂이를 달아두면 좋겠습니다. 기회가 날 때마다 아이가 하원, 하교 후에 볼 수 있게 편지를 써두세요. 그리고 아이와 편지를 주고받을 때, 다음의 몇 가지를 지킨다면 훨씬 멋진 활동이 될 것입니다.

 아이와 편지 주고받기가 더 즐거워지는 7가지 방법

1. 용건만 적지 않는다. 적어도 5줄 이상 적으려고 노력한다.
2. 항상 사랑의 마음, 감사의 마음을 표현하는 글귀를 적는다.
3. 아이의 마음을 읽어주는 감정코칭의 표현을 넣는다.
4. 답장을 쓰도록 격려한다.

5. 서로의 편지를 읽은 소감을 청취한다.

6. 현재 상대에게 느끼는 깊은 감정을 표현한다. 솔직하게 숨김없이 털어놓는다.

7. 우리 관계가 가진 장점을 다른 사람들과 비교해 표현해본다. "지우와 아빠는 다른 집처럼 서로 싸우지도 않고 사이좋게 잘 지내네."

아이와 편지 주고받기 예시

사랑하고, 또 너무나 아끼는 우리 지우에게

지우 잘 일어났니?

아빠가 늘 바빠서 우리 지우에게 인사도 못하고

바쁘게 출근하고 있어.

어제는 지우가 아빠에게 사랑하고 고맙다는 말을

해줘서 아빠는 참 기뻤단다.

다정다감한 지우가 아빠는 참 좋아.

항상 아빠가 우리 지우 아끼고 사랑한다는 사실 기억하렴.

이번 주말에는 아빠와 함께 지우가

가고 싶은 곳에 가자구나.

어디에 가고 싶은지 생각해서 말해줘.

아빠처럼 편지로 답장해주면 더 좋겠어.

늘 사랑한단다.

지우를 사랑하는 아빠가

사랑하는 아빠에게

나도 아침에 아빠가 출근하는 모습을 못 봐서

늘 미안하고 아쉬워요.

알람을 맞추어 일어나려고 했는데

엄마가 하지 말라고 했어요.

엄마가 너무 일찍 일어나면

키가 잘 자라지 않는다고 해서 그런 거예요.

늘 우리 가족을 위해서 열심히

일하는 아빠가 너무 고마워요.

나도 늘 아빠를 생각하고, 또 사랑해요.

이번 주에는 한글박물관에 가보고 싶어요.

세종대왕에 대해 알아보고 싶어요.

항상 사랑해요.

아빠를 사랑하는 지우가

서로의 장점 적어주기

주기적으로 실천하면 좋은 사랑의 글쓰기 가운데 하나가 서로의 장점 적어주기 활동입니다. 물론 많은 부모님이 수시로 아이에게 장점 그리고 단점을 들려주고 있을 텐데요. 아이의 자아 개념이 자라고 성장하는 데 이보다 좋은 방법도 없습니다. 아이는 늘 자신을 비난하는 말, 꾸짖는 말, 칭찬하는 말, 격려하는 말을 듣고 지내지만, 자신이 어떤 사람인지, 또 어떤 개성을 가지고 있는지는 온전히 깨닫지 못합니다. 그 많은 자기 평가들을 하나로 통합하는 일을 어려워합니다. 그래서 아이들은 가끔 질문합니다.

"엄마 지우(나)는 어떤 사람이야?"

'나는 누구일까'를 깨달아가는 것이 자아정체성의 발달, 자아 개념의 성장입니다. 그런데 이때 아이에게 장점과 단점을 적어주는 일의 목적을 단지 아이의 단점을 보완하고 바로잡기 위한 것으로만 생각해서는 안 됩니다. 이는 많은 부모님들이 흔히 저지르는 실수입니다. 만약 그런 의도로 이 활동을 이용한다면 사랑의 글쓰기가 아니라 불화의 글쓰기가 될 가능성이 높습니다.

단점을 지적받는 일은 어른에게나 아이에게나 정서적 충격과 혼돈을 가져옵니다. 아이들은 자칫 자신의 단점을 지적받고 낙인 효과에 빠질 수도 있고, 비관적인 고정형 사고에 단단히 빠져버릴 수도 있습니다. 과잉일반화는 가장 흔한 사고 편향입니다. 이는 특히 아이들에게 일상적으로 일어납니다. 과자 흘린 것을 지적했을 뿐인데 '나는 나쁜 아이야'라고 생각해버리는 것이지요.

그러니 장점과 단점을 모두 적어야 한다는 고정관념에서 벗어나는 것이 좋습니다. 또한 장점과 단점을 같은 비율로 적을 필요도 없습니다. 단점은 한 번에 장점의 3분의 1을 넘지 않도록, 혹은 세 번의 장점 파악 글쓰기를 할 때 단점은 한 번 정도만 적는 식으로 조심스럽게 접근하기를 권합니다.

우선 아이에게 자신의 장점과 단점을 동시에 적게 하세

요. 비율을 아예 3 대 1로 정해주어도 좋습니다. 장점 3개, 단점 1개를 적으라는 식으로 말이지요. 그리고 부모님도 함께 적습니다. 하지만 다시 한 번 강조하지만, 부모님이 아이의 단점을 적을 때는 매우 신중해야 합니다. 때로는 실제로 존재하는 단점이라고 해도 의도적으로 쓰지 않는 것이 바람직할 수 있습니다. 아이의 마음에 그 생각이 화석처럼 굳어버릴 수도 있으니까요.

아이와 부모 모두 글쓰기를 마치고 난 후 서로 읽어주며, 의견을 나누어봅니다. 이때 부모님은 앞서 강조한 바와 같이, 낙관적인 대화, 비폭력 대화를 나누어야 합니다. 그리고 아이가 생각하는 자신의 단점에 관해서도 낙관적인 생각을 가질 수 있도록 바로잡아주어야 합니다. 또한 부모님이 생각하는 단점이 아이 마음에 상처가 되지 않도록 조심스럽게 전달해야 합니다.

예를 들어 아이가 "저는 수학 공부를 잘 못해요"라고 적었다면 부모는 "지우가 아직 수학에 능숙하지 않다고 생각하는구나. 하지만 앞으로 계속 열심히 배운다면 지우도 수학을 잘하게 될 거야"라고 알려줍니다. 그리고 아이 스스로 자신의 단점에 대해 낙관적으로 고쳐서 적어보도록 도와야 합니다.

만약 아이가 늦게 자고 일어나는 것이 걱정이라면, "우리 지우는 자꾸 늦게까지 잠을 자지 않으려고 하더구나. 하고 싶은 것, 보고 싶은 것이 너무 많아서 그런 것 같아. 하지만 너무 늦게 자고 늦게 일어나면 키가 잘 자라지 않고 면역력이 약해져 감기에도 자주 걸릴 거야. 그래서 엄마, 아빠는 우리 지우가 조금 일찍 잠자리에 들었으면 하고 항상 기도하고 있단다" 라는 식으로 적어주면 좋습니다.

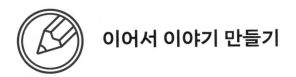

이어서 이야기 만들기

　사랑의 글쓰기의 핵심은 부모와 아이가 함께 독서와 글쓰기를 하면서 즐거운 시간을 갖고, 또 그렇게 함께하는 시간이 무척 행복하다고 느끼는 것입니다. 또한 그 과정을 통해 아이와 부모의 유대가 끈끈해지고 다양한 부수적 효과를 함께 거두는 것이 최종 목표입니다. 그런 측면에서 이야기를 함께 만드는 것, 공동창작만큼 즐거운 일도 없습니다. 부모와 아이가 함께 새로운 이야기를 만들며 서로의 깊은 내면까지 이해할 수 있으니까요.

　우리는 흔히 '가면의 대화'를 나누기 쉽습니다. 상대와의 의사소통을 의식하고 이를 생각하며 대화하기 때문입니다. 하지만 새로운 이야기를 만들고 쓸 때는 훨씬 정서적이고 의식 전체를 동원하는 쪽으로 사고의 방향이 바뀝니다. 예를 들어 J. R. R. 톨킨의 《반지의 제왕》이나 J. K. 롤링의 해리 포터 시리즈, 미하엘 엔데의 《끝없는 이야기》, 아스트리드 린드그렌의 《말괄량이 삐삐》 시리즈, C. S. 루이스의 《나니아 연대기》 같은 판타지 고전들을 떠올려본다면, 이런 생각에 전적으로 공감할 수 있을 것입니다. 작가들이 이야기를 창작할 때 무척 괴로우면서도 커다란 희열을 느끼는 것이 바로 이런 이유 때문입니다.

수시로 녹음기를 활용해보세요. 아이와 함께 자유롭게 이야기를 만들어가다가 약간 잘못된 설정이 있다면 부모님이 개입해 조금씩 수정해줍니다.

"지우야, 하지만 주인공 루나는 앞에서 하늘을 날 수가 없다고 했는데?"

"아니에요. 달의 정기를 받아서 하늘을 날 수 있게 된 거예요."

"그래, 그럼 루나가 달의 정기를 받는 과정을 생각해보아야겠다. 어떻게 달의 정기를 받게 된 거지?"

이렇게 말이지요. 마땅한 글감이 없어 이야기 만들기가 어렵다면, 아이가 이미 재미있게 읽은 이야기를 활용해보는 방법도 있습니다. 이는 4장에서도 소개했던 방법으로 아이가 재미있게 읽은 《아기 돼지 삼 형제》 이야기가 끝나는 지점에서 다시 새로운 이야기를 이어가보는 것입니다.

"지우야, 그럼 엄마가 먼저 시작해볼게. 아기 돼지 삼 형제는 튼튼한 벽돌집을 짓고 잘 살고 있었어요. 그런데 어느 날 훨씬 힘이 세고 무서운 호랑이가 아기 돼지 삼 형제를 잡아먹으려고 찾아온 거야."

"하지만 집에 꽁꽁 숨어 있으면 되잖아요."

"그렇지. 그렇지만 아기 돼지 삼 형제는 배가 고팠어. 그래서 집에서 나와 음식을 구해야 했던 거지."

이런 식으로 아이와 대화를 주고받으며 이야기를 끝없이 확장해나갈 수 있습니다. 그리고 녹음기에 정리된 내용을 바탕으로 이야기를 정리해나갑니다. 아이의 글쓰기 능력에 따라 스스로 분량이나 수준을 정하게 하면 좋습니다. 이처럼 이야기 만들기는 아이의 연령이나 글쓰기 능력과 상관없이 무한대로 확장할 수 있습니다. 오히려 초등학교 취학 전에 창작한 이야기가 훨씬 흥미진진하기도 해요.

작가들 중에는 유년 시절 구상했던 이야기를 구체화해

작품으로 만든 사례가 무척 많습니다. 그러니 녹음기, 녹음 파일을 적극적으로 활용해보세요. 중요한 것은 구술로 이야기를 만들기만 하는 것이 아니라 이미 만든 이야기를 글로 잘 정리하는 것입니다. 이야기가 정교해지면서 느껴지는 쾌감도 있으니 이야기를 글로 쓰는 과정을 적극적으로 장려해줍니다. 하나의 이야기가 작품으로 완성되면 그림책, 동화 형식으로 써보거나 부모님이 타이핑해서 아예 완성된 책 형태로 만들어주어도 좋습니다.

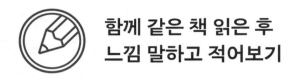

함께 같은 책 읽은 후
느낌 말하고 적어보기

앞서 4장에서 다룬 독후감 쓰기 방법 또한 잘 응용하면 근사한 사랑의 글쓰기가 될 수 있습니다. 독후감 쓰기와 사랑의 글쓰기의 훌륭한 컬래버레이션이라고 해야 할까요? 가족 구성원들은 끊임없이 서로의 가치관의 사이에서 공감대를 형성하는 노력을 기울여야 합니다. 저는 가족상담에서 스콧 할 츠만의 《행복한 가족의 8가지 조건》이라는 가족 치유서를 곧잘 권하곤 하는데요, 그냥 권하는 정도가 아니라 목차와 세부 내용까지 세심하게 설명할 때도 많습니다. 이 책은 가족구성원의 깊은 내면을 다독여주고 감동과 깨달음을 담은 치유서로, 행복하고 단단한 가족이라면 꼭 갖추어야 할 8가지 정신적 조건을 제시하고 있습니다. 가족이라는 작은 공동체가 함께 행복과 사랑을 지키기 위해서는 이 8가지가 충족되어야 한다고 말하고 있지요.

첫째, 가족은 가족에 관한 자기 가치, **가족가치관**을 합의하고 잘 만들어나가야 합니다. 많은 가족이 구성원의 가치관 차이 때문에 갈등을 빚습니다. 각자의 인생관, 세계관은 달라야겠지만 가족가치관만큼은 합치점과 공감대가 필요하기 때문입니다. 가족가치관이 서로 다르면 많은 지점에서 갈등을 겪을 수밖에 없습니다. 둘째는 **헌신과 소통**입니다. 가족구성원은 서로에게 헌신하고 항상 소통하려는 마음을 잃지 않아야 합니다. 평화적인 소통이 사라지는 것은 가족이 붕괴되는 일이기도 하니까요. 셋째는 **지원과 지지**입니다. 이는 단지 물질적 공여만을 뜻하지는 않습니다. 기본적인 생활을 영위하는 것 외에도 정서적으로 서로 지지하고 어려운 일을 함께 나누는 관계여야 한다는 뜻을 담고 있지요. 넷째는 **자녀교육**입니다. 구성원 모두가 자녀의 미래를 위해, 서로의 성장을 위해 자녀교육에 힘써야 합니다. 다섯째는 **융화**입니다. 이는 무조건적인 의견 일치를 뜻하는 것은 아닙니다. 비록 다른 생각을 갖더라도 서로 배려하고 존중하며 조화를 이루어야 한다는 뜻입니다. 여섯째는 같은 맥락에서 **갈등 해결**입니다. 가족은 수시로 내적·외적 갈등과 직면합니다. 서로 힘을 합쳐 문제를 헤쳐 나갈 때 가족의 평화도 유지될 수 있습니다. 일곱째는 **회복**입니다. 이는 갈등 해결 이후에 반드시 동반되어야 할 과정입니다. 갈등이 생겼을 때 슬기롭게 해결하고 다시 전처럼 가족의 구심력을 회복해야 하는 것이지요. 여덟째는 나머지와는 조금 구분되는, 가족의 본원적 기능과 연결되는 **휴식**입니다. 이는 가족이 존재하는 이유이기도 합니다. 구성원 가운데 한 사람이 힘들어할 때 서로 도와 그 사람이 다시 힘을 내 휴식할 수 있도록 도와야 하는 것입니다. 이런 조건들이 충족될 때 가족은 행복해질 수 있습니다.

이 8가지 조건 가운데 특히 중요한 것이 가족가치관을 형성입니다. 아무리 가까운 사이라 하더라도 함께 책을 읽다 보면 자연스럽게 가치관의 차이가 드러납니다. 상대와 책에 대해서 이야기하며 서로가 가진 다른 생각을 발견하고 논쟁을 벌일 수도 있습니다. 이를 통해 가족구성원은 서로가 어떤 생각을 가졌고 어떻게 세상과 삶을 바라보고 이해하는지 알게 되며, 서로가 가진 가치관에 공감하기도 하고, 그 간극을 대화를 통해 줄여나가기도 합니다. 물론 이는 부모님이 정한 가치관을 아이들이 무조건 받아들여야 한다는 뜻이 아닙니다. 끊임없는 소통과 대화를 통해 서로 가치관을 확인하고 공감대를 형성해나가야 한다는 의미입니다. 비록 부모와 자녀의 가치관 사이에 현격한 차이가 있다 하더라도 서로가 그런 가치관의 차이를 이해하고 있어야 하며, 또 때로는 깊은 대화를 통해 그 간극을 줄여나가야 합니다. 설사 자녀가 성인이 되어 독립해 나간다고 해도 이는 계속 이어져야 할 일입니다. 아이가 아주 어릴 때부터 이 활동을 매우 중요하게 여겨야 하는 이유가 여기에 있습니다.

아이들은 빠르게 성장하는 과정에서 가치 변화, 세계관의 변화를 크게 경험합니다. 하지만 부모님은 이를 미처 따라잡지 못할 때가 많습니다. 이렇게 벌어진 가치관 사이에서 가족 간 갈등이나 단절이 발생합니다. 실제로 10대 후반 자녀와의 심각한 가치관 대립으로 봉합하기 어려운 갈등을 겪는 가족들을 자주 목격합니다. 가족 간 긴밀한 소통을 통해서 가치관의 공감대, 공동지대, 나아가 안전지대를 마련하는 일이 중요합니다. 이렇게 가치관의 안전지대를 마련하는 것은 자녀에게 바른 가치관을 심어주고 이들을 바른 삶으로 인도하는 교육적인 의미도 담고 있습니다.

가족 가치관 합일에 있어 중요하게 다루어야 할 몇 가지 문제가 있습니다.

가족 간 가치관 합일 논의 시 고려할 문제

1. 가족이 중요한 이유는 무엇일까요? 위의 스콧 할츠만의 《행복한 가정의 8가지 조건》을 다시 한번 잘 살펴보기 바랍니다.

2. 가족은 왜 서로 많은 대화를 나누어야 할까요?

3. 가족은 얼마나 자주, 또 많은 시간을 공유해야 할까요?

4. 가족활동은 어떤 의미가 있고, 어떻게 이루어지면 좋을까요?

5. 만약 가족의 법을 만들면 어떤 조항이 꼭 필요할까요?

많은 책이 가족 문제를 다룹니다. 가족에 관한 책을 읽을 때마다, 가족과 관련된 주제를 다룬 매체를 감상할 때마다 함께 이야기를 나누어보세요. 한 달에 한 권 정도의 선정 도서로 독서 대화를 나누고, 서로가 쓴 감상문을 발표하며 많은 이야기를 나누어보세요. 한 달에 두 편 정도 가족 영화를 감상하고 같은 방법으로 이야기를 나누어보아도 좋습니다.

가령 박완서의 동화책《이 세상에 태어나길 참 잘했다》를 읽었다고 해보죠. 태어날 때 어머니가 죽고 아버지는 미국으로 떠난 복동이는 열 살이 되도록 외갓집에 살며 한 번도 아버지를 만난 적이 없습니다. 복동이는 여름방학 동안 아버지의 초청으로 미국을 방문합니다. 미국에서 처음으로 아버지를 만나고, 또 아버지가 재혼해서 이룬 새 가족들, 필리핀계 새어머니와 두 명의 동생을 만나 얼마간 함께 지냅니다. 자신의 삶에 대해 의심과 불만이 많았던 복동이에게 어떤 변화가 생겼을까요?

이 책은 아이의 독서능력이 초등 3~4학년 수준이라면 충분히 읽을 수 있습니다. 가족이 모두 책을 읽은 후 각자 독서 감상문을 씁니다. 아이에게 하루 정도 시간을 주어도 좋습니다. 그리고 함께 즐거운 독후 모임을 갖습니다. 각자 준비해온 독서 감상문을 읽습니다. 이때 부모님이 몇 가지 이야기 주제를 준비해오면 좋습니다. 가령 '복동이의 할머니와 이모는 복동이를 위해 많은 희생을 하는데 그 희생은 온당한 것인지, 온당하다면 그 의미는 무엇인지 생각해보자'와 같은 토론 주제를 준비하는 것입니다.

'살림'이라는 단어가 있습니다. 흔히 '살림살이' 같은 식으로도 쓰이지요. '살림'은 '살리다'에서 온 말입니다. 가족은 서로를 살리는 존재입니다. 아무 힘이 없는 아기를 살려주고, 그 아기가 자라 어른이 되어 다른 사람을 보살필 능력이 되면 자신을 살려준 사람을 돌봅니다. 《이 세상에 태어나길 참 잘했다》를 가족이 함께 읽고 살림의 의미나 가족의 근원적인 기능에 관해서 함께 생각해보아도 좋겠습니다. 만약 아이가 감당할 능력이 된다면 가족 독서 모임의 총정리를 맡기면 좋습니다. 서로의 독후감과 독후 대화, 공감대를 하나의 글로 정리하는 역할을 통해 아이는 또 훌쩍 성장할 것입니다.

7장

•

시냅스 글쓰기 6단계:
메타인지력과 자기주도학습력 높이기

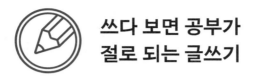

쓰다 보면 공부가 절로 되는 글쓰기

뛰어난 글쓰기 전문가 윌리엄 진서는 《공부가 되는 글쓰기》에서 "글쓰기 그 자체가 학습"이라고 말합니다. 또한 그는 글쓰기를 "종이 위에 이루어진 사고 행위"라고 정의합니다. 잘 쓴다는 것은 그 자체로 뛰어난 학습이며, 뛰어난 학습 능력을 나타내는 것입니다. 특히 좋은 글쓰기 도안과 도안에 알맞은 글쓰기 방법은 아이가 저절로 공부하게 해줍니다. 저는 《시냅스 독서법》에서 아이가 '심층적 학습자'가 될 수 있도록 도와야 한다고 말한 바 있습니다. 심층적 학습자는 공부하는 그 과정 자체에서 성취감과 기쁨을 만끽하고 학습에 몰입합니다. 늘 호기심에 차 새로운 배울 거리를 반기는 학습자이기도 합니다. 하지만 우리나라에서 통상 공부와 글쓰기는 전혀 다르게 받아들여집니다. 거칠게 표현하면 글쓰기는 사지 선다 중심의 입시에서 그다지 필요 없는 분야로, 글쓰기 능력은 대학 입학 후에나 조금 쓸모 있는 능력으로 여겨질 뿐입니다. 하지만 이처럼 입시나 성적만을 위한 공부는 공부의 본령에서 많이 엇나간, 변질된 지식 거래일 뿐입니다.

그러니 부모님의 생각이 바뀌고 미래 교육에 대한 통찰이 바로 선 후에야, 교육을 제대로 시작할 수 있습니다. 부모님이 글쓰기는 학교 공부나 입시에 큰 도움이 안 된다고 생각한다면 결과는 불 보듯 뻔합니다. 또 부모님이 공부는 원래 어렵고 힘든 일이라는 고정관념이나 믿음을 가지고 있다면, 아무리 내색하지 않으려고 해도 그 생각이 아이에게 전해질 수밖에 없습니다. 어느새 아이도 공부는 어려운 일이며, 성적이나 입시, 등수를 위해서 해야 하는, 단지 어떤 목적을 이루기 위한 수단쯤으로 생각하게 될 것입니다. 이런 마음이 내면화된 아이에게 공부는 갈수록 어려운 일이 됩니다. 우리 아이가 공부를 못하게 된 진짜 이유가 여기에 있던 것입니다.

그런 글쓰기로는 아이의 자발성과 자기주도성을 조금도 기대하기 어렵습니다. 재미없고, 하고 싶지 않은 일을 열심히 하기는 어려운 일이니까요. 그러니 나중에 어떤 결과가 생기든, 달성 여부가 어떻든 간에 부모는 아이가 공부를 즐길 수 있는 다양한 방법들을 찾고 궁리해야 합니다.

사실 즐거운 글쓰기는 그 자체가 학습입니다. 즐겁게 글을 쓰다 보니 차츰 공부 시냅스가 촘촘하고 견고해지며 학습 능력도 자라는 것입니다. 그런데 그 반대일 때는 효과를 기대하기 어렵습니다. 학습능력, 공부머리를 키우겠다고 아이에게 강제로 연필을 쥐여주었다가는 실패할 일만 남습니다. 그보다는 아이의 표현 충동, 미메시스 충동을 학습적인 글쓰기로 이어질 수 있도록 해주어야 합니다.

여기서는 학습에 도움이 되는 글쓰기 방법 9가지를 엄선해 소개하고자 합니다. 다른 글쓰기 양육서에도 많은 방법과 도안 들이 소개되어 있지만 앞으로 소개할 9가지 공부 글쓰기 방법들을 충분히 즐기고 숙달한 이후에 조심스럽게 시도해도 늦지 않습니다.

물론 모든 아이에게 즐겁고, 흥미로운 글쓰기 도안이란 존재하지 않습니다. 아이마다 글쓰기 실력은 물론 글쓰기에 대한 흥미와 개성도 모두 다르기 때문입니다. 아이가 좀 더 좋아하는 글쓰기 도안이 무엇인지, 과연 어떤 글쓰기 도안으로 아이를 이끌어갈 것인지 고민하며 이 장을 읽어보기 바랍니다.

초등학교 취학 전부터 시작하는 즐거운 받아쓰기

어린아이는 대개 입말부터 익힙니다. 글자를 보고 단어를 배우는 일은 나중입니다. 아이가 자주 하는 말, 재미있어하는 말들을 평소 자주 관찰해보세요. 이를 노트에 적어두는 것도 좋습니다. 그리고 그 단어를 한글로 적어보게 합니다. 이는 매우 즐거우면서도 학습적인 활동이 될 수 있습니다. 아이가 자주 까르르 웃으며 '똥 냄새', '똥' 이야기를 했다면, 이를 우선해서 받아쓰기 재료로 삼으면 됩니다.

또한 항상 아이의 받아쓰기 능력을 잘 가늠해두어야 합니다. 아이마다 아는 단어, 모르는 단어가 다를 것이기에 사실 받아쓰기의 난이도보다 훨씬 중요한 것이 아이의 '알고 모르고'입니다. 디지털 매체, 스마트폰이 시시각각 아이들의 인지능력에 침투해 영향을 주고 있는 요즘, 어른들도 모르는 단어를 아이가 알고, 연령이 꽤 높은 아이가 너무나 쉬운 단어를 모르기도 합니다. 아이의 단어는 경험의 결과물입니다. 받아쓰기를 처음 시작하거나 아직 아이의 받아쓰기 능력을 잘 모를 때는 기계적으로 쉬운 것 4개, 어려운 것 1개 정도의 비율로 시도하면 좋습니다. 글자 수가 많고 받침이 있으면 난이도가 올라갑니다. '아기'는 쉬운 단어이고, '책받침' 같은 단어는 어려운 단어겠지요. 가령 이제 막 글을 배우기 시작한 예닐곱 살 아이라면,

- 아기
- 노래
- 친구
- 연속극
- 나라

정도의 난이도로 받아쓰기 문제를 구성합니다. 난이도 조절은 매우 중요합니다. 너무 쉬워도 흥미를 잃고, 너무 어려우면 하기 싫을 수 있으니까요. 그러니 항상 아이의 표정을 살펴

며 잘하고 있는지, 재미있어 하는지 점검하시기 바랍니다. 아이는 한 번 배운 단어도 얼마든지 까먹을 수 있기 때문에 부모님이 의도적으로 여러 차례 반복해주는 것이 좋습니다.

받아쓰기를 한 그날, 다음 날, 일주일 후, 몇 주 후, 한 달 후 같은 반복 주기를 두고 받아쓰기 결과를 항상 꼼꼼하게 모니터링해줍니다. 맞았을 때는 ○표를, 틀렸을 때는 △표를 사용해 채점하고 × 같은 부정적인 표시는 하지 마세요. 틀린 것이 아니라 아직 배우지 않았을 따름이니까요. 배우면 알게 될 것입니다. 그러니 아직 배우지 않았다는 표시로 아래 거북이 모양의 도장 같은, 아이가 호감을 갖고 주목할 만한 것을 준비해 맞추지 못한 문제에 찍어주어도 좋습니다.

배워나간다는 의미로 틀린 문제에 찍어주는 거북이 도장

받아쓰기는 매일 하는 것이 좋습니다. 하루에 두 번 해도 좋습니다. 하지만 아이가 받아쓰기에 부담을 느끼지 않게 즐겁게 하는 것이 중요합니다. 아예 이름을 '받아쓰기 놀이'라고 붙여주는 것도 방법입니다. 맞추지 못한 단어를 발견하면 이를 다시 한 번 더 가르쳐주는 각인 시간을 가지세요. 만약 아이가 '연속극'이라는 단어를 틀렸으면,

"엄마가 저녁에 열심히 보는 거 있지? 그게 '연속극'이야."

"엄마가 '드라마'라고 했잖아?"

"'연속'은 계속 이어진다는 말인데, 영화처럼 한 번에 끝나는 게 아니고 일주일 후에 또 이야기가 이어지니까 '연속극'이야."

하고 대화를 통해 단어를 다시 익히는 시간을 만들어줍니다. 초등학교 받아쓰기에 대비도 될 것입니다.

모든 공부에 개념과 용어를 아는 것이 중요하듯이 모든 학습의 기본은 어휘력입니다. 따라서 받아쓰기는 아이 스스로 단어 공부를 할 수 있을 때까지 계속 이어나갈 필요가 있습니다. 한글을 배우고 초등학교 저학년까지는 부모님이 1년 중 300일 이상 받아쓰기를 한다는 계획과 결심으로 열심히 임하면 어휘력 향상에 매우 큰 도움이 됩니다.

어휘력 성장에 효과적인
유쾌한 끝말잇기

끝말잇기 대회가 따로 있다는 사실을 알고 있나요? '끝말 잇기 대회'를 검색해보면 이와 관련된 신기한 대회나 활동들을 무척 많습니다. 이처럼 끝말잇기는 매우 재미있고 학습적인 활동입니다. 그런데 이를 글쓰기로 확장해볼 수 있습니다. 말로 끝말잇기를 하는 것이 아니라 글로 끝말잇기를 하는 것입니다. 저희 집 두 아이는 아직도 함께 끝말잇기 놀이를 합니다. 때로는 스마트폰 인공지능과 끝말잇기 놀이를 하기도 하고요. 끝말잇기 놀이는 어휘력을 늘리고 시냅스 연결을 돕는, 매우 효과적인 학습 활동입니다.

아예 끝말잇기 노트를 따로 마련해두면 어떨까요? 아이의 어휘 실력을 고려해 처음에는 쉬운 단어들로 기회를 주는 것이 좋습니다. 끝말잇기가 즐거워질 수 있도록 가급적 아이가 좋아할 만한 단어들을 제시해줍니다. 끝말잇기 노트를 사이에 두고 아래와 같이 끝말잇기 놀이를 해보세요.

> 부모: "잘 지켜야 해요. '규칙'"
> 아이: "기차가 '칙칙폭폭'!"
> 부모: "비가 많이 내려요. '폭우'"
> 아이: "넘어질 때 나는 소리야. '우당탕'"
> 부모: "우리 기준이가 좋아하는 '탕수육'"
> 아이: "그럼 나는 '육개장'!"

끝말잇기 놀이를 하면서 아이의 어휘력뿐만 아니라 맞춤법 실력도 자랍니다. 끝말잇기를 하면서 부모와 아이가 번갈아가며 글쓰기를 합니다. 부모는 "'규칙'은 이렇게 쓰는 거야"라고 말하며 철자를 알려주고, 아이가 '칙칙폭폭'을 쓸 때는 잘 쓰고 있는지 살피다가 어려워하면 조금씩 알려주면서 가급적 스스로 적도록 유도해줍니다.

받아쓰기와 끝말잇기는 아이의 어휘력과 맞춤법 능력을 길러주어 글쓰기의 기초를 다져줍니다. 처음부터 어려운 글쓰기를 시작하면 어휘력이나 맞춤법 문제 때문에 지나친 스트레스를 받을 수 있습니다. 또한 섣불리 학습적 글쓰기 도안이나 문제풀이에 도전하기보다는 먼저 어휘력과 맞춤법을 늘리는 데 중점을 두면 글쓰기에 대한 아이의 흥미를 유도하는데 있어 더 효과적입니다.

초등 저학년이 꼭 알아야 할
코넬 노트 필기법

    한글에 숙달된 아이라면, 초등학교에 입학하기 전 꼭 가르쳐야 할 필기법이 있습니다. 바로 코넬 노트 필기법입니다. 흔히 부르는 명칭인 코넬 노트의 정식명은 코넬 필기 시스템Cornell notes system, Cornell note-taking system, Cornell method입니다. 이 필기법은 코넬대학교 월터 포크 교수가 1950년대에 개발했습니다.

    코넬 노트는 다음과 같이 제목 영역, 필기 영역, 키워드 영역, 요약 영역의 총 네 영역으로 나뉘어 있습니다. 이미 시중에 코넬 노트가 판매되고 있으므로 살펴보고 구입하면 되겠지만 유아나 초등 저학년이 쓰기에 적당하지 않은 경우가 대부분입니다. 그러므로 이를 직접 아이에 맞게 변형해 사용할 것을 권합니다.

제목 영역에는 배운 내용의 주제와 날짜를 적습니다. 필기 영역에는 강의에서 들은 중요한 부분을 충분한 양으로, 나중에 알아보기 쉽게 적습니다. 그때그때 생각나는 것들도 함께 기록합니다. 키워드 영역은 나중에 채워 넣는 것이 기본이지만 필기하다가 그때그때 가장 중요하다고 느껴지는 핵심어 후보들을 연필로 적어둡니다. 부족하거나 맞지 않는 키워드들은 나중에 수정·보완합니다. 요약 영역에는 강의가 끝난 후 전체 내용을 한두 문장으로 요약해봅니다. 수업 중에는 키워드 영역, 요약 영역은 놔두고 필기 영역만 기록한 후 나중에 복습하면서 키워드 영역과 요약 부분도 완성하는 것이 기본입니다.

아직 한글이 숙달되지 않은 아이라면 조금 더 기다렸다가 초등학교 1학년에 들어간 후에 이 필기법을 알려주어도 괜찮습니다. 받아쓰기에 숙달된 아이라면 짧고 쉬운 동영상 강의들을 골라 시청한 후 코넬 노트 필기법을 연습해보고 부모님이 부족한 점을 고쳐줍니다. 이때 처음부터 너무 많은 내용을 빠짐없이 적게 할 것이 아니라 가급적 단순하게 정리하게 지도하면서 코넬 노트 쓰기의 방법과 효과를 체감할 수 있게 하는 것이 포인트입니다.

제목   예) 미세먼지의 개념

키워드

예) · 미세먼지

· 초미세먼지

· 미세먼지
  예보 등급

필기

예) 먼지는 입자의 크기에 따라 지름이
10㎛ 이하: 미세먼지(PM 10) 지름이
2.5㎛ 이하(PM 2.5)인 초미세먼지로
구분한다.

미세먼지(PM 10) 예보 등급은
좋음(0~30㎍/㎥), 보통(31~80㎍/㎥),
나쁨(81~150㎍/㎥), 매우
나쁨(151㎍/㎥~) 등으로 나뉜다.

요약
        예) 미세먼지란 직경 10㎛ 이하의 먼지로,
        미세먼지 예보 등급은 총 4단계로 구분

코넬 노트 필기법 외에도 다양한 필기법이 존재합니다. 또 최근 새로운 필기법 기술에 관한 책이나 연구도 늘고 있습니다. 초등학교 때까지는 코넬 노트 필기법으로 충분하지만, 중고등학교로 넘어가면 좀 더 다양한 노트 정리 방법들이 필요할 수 있습니다. 그러니 초등학교 고학년부터는 다양한 필기 기술을 함께 탐색해보고 자신에게 필요한 것을 익혀봅니다.

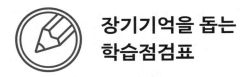

장기기억을 돕는
학습점검표

　공부를 잘하는 아이와 그렇지 못한 아이의 차이는 반복 학습의 유무입니다. 공부를 잘 하는 아이들은 어떤 내용을 오랫동안 반복해서 봅니다. 반복학습에도 여러 종류가 있습니다. 똑같은 학습 내용을 한 번 더 배우는 내용 반복학습도 있고, 틀린 문제를 한 번 더 풀어보는 틀린 문제 풀어보기, 그리고 시차를 두고 계획적으로 하는 반복학습도 있습니다. 복습 역시 뇌가 가장 원하는 방식을 따라야 합니다. 뇌의 특성을 고려한 반복학습이어야 하는 것입니다. 어떤 아이도 처음 배운 지식을 모두 기억할 수는 없습니다. 그렇다고 복습을 무한 반복하는 것도 옳지 않습니다. 무리한 복습은 시간을 허비하게 하고 공부 열의도 떨어뜨리니까요. 효과적으로 복습해야 복습 효과도 커지고 성취감도 느낄 수 있습니다.

에빙하우스의 망각곡선

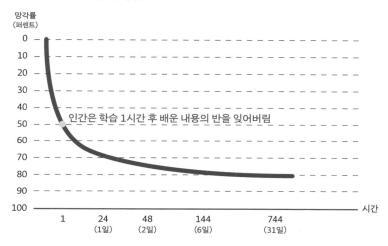

이 표는 헤르만 에빙하우스가 세운 '망각곡선' 가설을 나타낸 것입니다. 아이가 수업 시간에 아무리 집중해서 공부해도 단지 며칠 만에 3분의 2 이상의 내용을 잊어버립니다. 지능의 차이, 몰입 정도, 이해도에 따라 조금 차이가 있겠지만, 누구든 망각에서 자유로울 수 없습니다.

공부할 때 주로 사용하는 단기기억과 배운 내용을 장기간 기억하는 장기기억 사이에는 좁은 통로가 놓여 있습니다. 이 좁은 통로를 놓치지 않고 배운 내용들을 효과적으로 장기기억에 저장하는 것이 바른 학습입니다. 누구라도 어떤 내용을 두 번, 세 번 반복해서 익힐 때 비로소 자기 지식이 됩니다. 따라서 배운 내용이 기억에서 사라지기 전에 서둘러 복습해야 합니다. 이 망각곡선을 통해 바른 복습 방법도 알 수 있는데 핵심은 기억이 사라지기 전 주기적으로 복습을 반복해 학습한 내용을 장기기억으로 만드는 것입니다.

장기기억 학습법

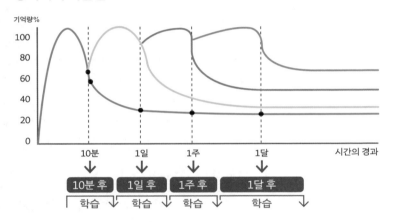

이것이 이른바 장기기억 학습법입니다. 이는 학습계획표와 점검표에도 그대로 적용해볼 수 있습니다. 의식적이고 체계적인 배움이 시작되는 한글 떼기 이후부터는 장기기억 학습법을 활용해 시간을 허비하지 않도록 해주세요. 아직 유치

원생이니까, 초등학교 저학년이니까 아무렇게나 공부해도 좋을 것이라고 생각하다가는 자칫 아이에게 공부 상처를 심어주고, 학습애호감을 떨어뜨리기 쉽습니다.

아이가 학습에 열의를 가지고 지적 호기심을 유지하는 것도 중요하지만, 학습을 통해 지식이나 사고가 확장되는 성과를 스스로 체감해야 합니다. 그러기 위해서는 애초에 제대로 된 공부법을 통해 스스로 학습 성장을 확인할 수 있어야 합니다. '학교에서 배우겠지', '차차 알게 되겠지' 하는 안이한 생각이 점점 아이의 학습 과정을 훼손시키고 황폐해지게 만들 수 있습니다.

계획표는 일간 계획표, 주간 계획표, 월간 계획표 정도로 만들면 좋습니다. 분기 계획표나 연간 계획표는 부모님이 관리하면 됩니다. 가령 유아용 백과사전으로 과학을 공부한다고 해보죠. 이때 공부 주제는 아이가 배우고 싶어 하는 것으로 정하면 더 좋습니다. 주말에는 아이와 함께 다음주에 공부해볼 10가지 이상의 주제를 정해보세요. 주제당 학습 시간은 20분, 10분 휴식으로 2회, 대략 총 1시간 내외로 정하면 좋습니다. 아이마다 다르지만 아이들의 최대 집중 시간은 초등 저학년의 경우 20분 내외 고학년의 경우 30분 정도입니다. 그러니 최대 집중 시간이 지난 후에는 뇌가 쉴 수 있도록 해주며 다음 공부나 독서를 준비합니다.

부모님이 미리 아이의 학습능력을 고려해 학습 분량을 정해두세요. 일반적으로 유아용 학습백과 30~40페이지 한 권 정도를 천천히 정독하면 될 것입니다. 한글을 막 뗀 아이라면, 다른 일정도 많을 것이니 하루에 공부 주제는 2~3개 정도가 적당합니다. 예를 들어 하나의 주제를 다음과 같이 총 5회에 걸쳐 공부해볼 수 있습니다. 우선 오늘 한 번 처음으로 공부하고, 공부가 끝나고 쉬었다가 10분 후에 곧장 복습합니다. 다음 날 비슷한 시간대에 또 복습하고, 다음주 다시 한 번 복습합니다. 그리고 한 달 정도 후에 잘 기억하고 있는지 확인 및 복습을 하면 됩니다.

학습과 독서는 어느 정도 구분하는 것이 좋습니다. 아이가 하는 모든 활동이 근본적으로 학습이긴 하지만, 그중 아이가 부담을 느끼지 않을 수준으로 어느 선까지 구획을 정할 필요가 있습니다. 분명한 기준선이 존재하는 것은 아니지만, 학습 대상은 어느 정도 기초적인 개념의 이해, 기억, 숙달, 응용이 필요한 내용들입니다. 다시 보았을 때 잊어버릴 수 있는 내용이 비교적 많은 주제를 학습 대상으로 정하면 됩니다.

그러나 이는 초등학교 입학 이후에는 크게 달라지겠지요. 주 단위로 학습 대상이 정확하게 정해질 것입니다. 그때는 학교 교과 과정을 그대로 따라 계획표를 쓰고 점검표를 확인하면 됩니다. 그리고 그때부터는 대개 참고서나 문제집도 구입하게 될 것이기 때문에, 배운 내용을 문제를 통해 점검하고 평가해야 합니다. 다시 말해 배운 내용을 네다섯 차례 복습하면서, 개념 이해, 기본문제 풀이, 심화문제 풀이, 오답 노트 정리 같은 체계적인 학습을 반복해서 해나가는 것입니다.

이 방법으로 아이가 취학하기 전 1년 내지 6개월 동안 사전학습을 합니다. 선행학습이 아닙니다. 부모님이 1학년 교과 과정을 미리 쭉 훑어보고 아이가 꼭 알아야 할 배경 지식을 공부해 조금씩 알려주는 것입니다. 예를 들어 받아쓰기를 하려면 한글부터 배워야겠지요. 유럽의 역사에 대해 배우려면 유럽의 지리부터 살펴보는 식으로 초등학교 교과서에 나오는 내용들을 간략히 살펴보며 아이가 모를 만한 것들을 미리 알려줍입니다.

이 방법은 아이의 학습 부담을 줄여주는 데 큰 효과가 있으므로 초등학교 내내 이루어지면 좋습니다. 초등학생이라고 해서 지금 배우는 학습 내용만 반복, 심화 학습만 할 것이 아니라 다음 학년, 고학년에서 배울 내용 중 재미있을 만한 내용들을 골라 미리 사전학습을 해두면 좋습니다. 이렇게 미리 꼼꼼하게 준비해두면 학습에 대한 거부감이나 불편이 크게

학습 주간 계획표

시간＼요일	월	화	수	목	금
8시~9시					
9시~10시					
11시~12시	○○백과사전 '먹이사슬'				
12시~13시	'먹이사슬' 복습1	'먹이사슬' 복습2			
13시~14시					
14시~15시					
15시~16시					
16시~17시	○○백과사전 '토끼'				
17시~18시	'토끼' 복습1	'토끼' 복습2			
18시~19시					
19시~20시					
20시~21시					

학습 월간 계획표

일	월	화	수	목	금	토
	1 ○○백과 사전 '먹이사슬' '먹이사슬' 복습1 ○○백과 사전 '토끼' '토끼' 복습1	2 '먹이사슬' 복습2 '토끼' 복습2	3	4	5	6
7	8 '먹이사슬' 복습3 '토끼' 복습3	9	10	11	12	13
14	15	16	17	18	19	20
21	22	23	24	25	26	27
28	29 '먹이사슬' 복습4 '토끼' 복습4	30				

줄어들 것입니다.

그러니 부모 입장에서는 다음 학기, 다음 학년까지의 학습 내용을 미리 알고 분석해둘 필요가 있습니다. 그렇다고 이것이 부모에게 큰 부담을 주는 일은 결코 아닙니다. 대부분 부모님이 알고 있는 지식들이고, 다만 아이가 아직 모르는 것들을 미리 알려주는 차원이기 때문입니다. 이 모든 복잡한 과정을 보다 효과적으로, 많은 힘을 들이지 않고 준비하기 위해 필요한 것이 계획표와 점검표입니다. 점검표 형식은 비교적 단순합니다.

부모님이 작성하는 학습 점검표

학습내용	1차 학습	복습1	복습2	복습3	복습4	참고사항
먹이사슬	○	○	○	○	○	'먹이사슬'을 통해 천적 관계, 포식자와 먹이 관계를 알게 되었음.

이 표처럼 학습 내용를 쓰고, 복습 완료 여부를 표시하면 됩니다. 참고 사항에는 간단한 후기를 남기면 좋습니다.

 효과적인 반복학습을 위한 다양한 방법들

1. 반복학습이 벼락치기나 속독, 대충 훑어보기 학습보다 훨씬 더 효과적이라는 사실을 아이에게 잘 알려준다.

2. 읽었던 책도 반복해서 읽는다. 반복 주기는 일주일, 한 달, 1년 어느 것이어도 좋다. 문학작품은 1~2년 주기로 반복해서 읽는 것을 추천한다.

3. 마치 영어 단어를 암기하듯, 새로 익힌 지식을 다시 떠올려 머릿속에 재각인하는 습관을 가진다. 그 내용들을 다시 한 번 떠올려보고 자신이 잘 기억하고 있는지, 제대로 이해하고 있는지 살피면 된다.

4. 부모님이 뇌과학이나 뇌기반 학습에 관해 배워본다. 유아나 아동을 위한 책도 많으니 참고해본다.

5. 특정 주제에 관해 읽거나 공부할 때, 전에 배웠던 관련 내용을 연결하면 좀 더 깊고 폭넓은 이해에 도달할 수 있다. 가령 한국 고대문학에 관해 배운다면 한국 고대사를 함께 연관지어 공부하면 좋을 것이다.

6. 배운 내용을 주제로 에세이나 소논문을 써본다. 글쓰기보다 더 좋은 복습도 없다.

7. 지식은 토론을 통해 완성된다. 친한 아이들끼리 독서

모임을 만들어보자. 주제나 작가를 정해 주기적인 독
서 대화를 나누게 도와준다.

8. 배운 내용을 블로그 등 각종 SNS 매체에 적어본다.
블로그에 읽은 책의 내용을 정리해 기록하는 것은 여
러 의미를 가진다. 지식의 공유나 나눔의 의미도 있
다. 또한 이 방법은 아이가 보다 진중하게 지식 습득
을 할 수 있게 해준다.

효과가 검증된 메타인지 글쓰기 1: 자체시험

공자는 앎에 관해 말하며 "아는 것을 안다고 말하고, 모르는 것을 모른다고 말하는 것이 바로 아는 것知之爲知之 不知 爲不知 是知也"이라고 했습니다. 자신이 지금 아는 것과 모르는 것을 잘 분별할 수 있다면 성공적으로 학습이 이루어진 것입니다. 하지만 대부분의 학생은 자신이 아는 것과 모르는 것을 알지도 못한 채 주어진 학습을 꾸역꾸역 해나갈 때가 대부분입니다.

심층적 학습에 관해 깊이 있게 설명하는 책《최고의 공부》의 저자이자 교수들에게 교수법을 가르치는 교수이기도 한 켄 베인은 이런 맥락에서 한국 학생들의 공부 방식에 큰 우려를 표명한 적이 있습니다. 그는 "한국 교육이 '전략적 학습자'만 양산할 뿐 창의적 인재를 키우지 못하는 것 같다. 전략적 학습자는 배운 걸 달달 외워 높은 점수를 받을 줄 안다. 창의성 측면에서 최상 단계인 심화 학습자는 '딥 러닝deep learning'이 가능한 이들이다. 이들은 기존 지식을 흡수할 뿐 아니라 그 지식 위에서 생각하고, 분석하고, 새로운 지식을 창조한다"고 이야기한 바 있지요. 그저 배운 내용을 앵무새처럼 달달 외는 것이 아니라, 그것을 통합적이고 입체적으로 이해하는 심층적 학습이 필요하다는 뜻입니다.

이런 심층적 학습을 지속하게 해주는 가장 중요한 의식이 메타인지metacognition입니다.《시냅스 독서법》에서도 메타인지와 자체시험의 상관관계, 그 중요성에서 관해서 자세하게 설명한 바 있습니다. 공부를 잘하려면 '자신이 지금 무엇을 알고 있고, 또 무엇을 모르고 있는지' 명확하게 인식할 줄 아는 능력 즉, 메타인지가 꼭 필요합니다. 메타인지는 '상위인지'라고도 부르는데, 공부에서 가장 중요한, 일종의 자기이해입니다. 기억력에 관한 연구를 오래 진행해온 심리학자 헨리 뢰디거와 마크 맥대니얼 등이 함께 쓴《어떻게 공부할 것인가》에 따르면 메타인지를 키우는 가장 확실한 방법으로 '자체시험'을 제시합니다.

만약 아이가 동영상 강의를 시청했다면 시청한 내용을

잘 받아들였는지 자체시험을 쳐보게 하는 것입니다. 이 책에서는 흔히 아이들이 "교재와 필기, 슬라이드 자료에 밑줄을 긋고 강조 표시를 하는" 것을 선호하지만, 오히려 교재를 보며 스스로 내용을 정리해본 후 "자체시험을 보는 것"이 훨씬 더 효과적임이 잘 설명되어 있습니다. 또 우리가 가진 기억력의 한계 때문에 "사람들의 얼굴이나 이름을 기억해야 한다면 불과 몇 분 지났을 때 다시 떠올려봐야 한다"고 주장하며, 교재의 내용을 처음 공부한 후 하루가 지난 뒤 꼭 다시 공부해야 하지만, 며칠이나 일주일 정도는 공부하지 않아도 기억해

메타인지

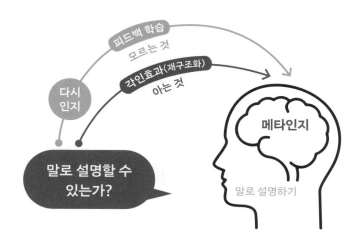

낼 수 있기 때문에, 적어도 한 달 안에는 반드시 자체시험을 쳐서 기억하지 못하는 부분, 이해하지 못한 부분을 점검해보아야 한다고 설명하고 있습니다.

수업에서 배운 내용을 여러 번 스스로 정리해본 후에 'ㅇㅇ에 대해 설명해보라'는 식의 셀프테스트용 문제를 스스로 내고 직접 답을 써봅니다. 자체시험을 치면서 자신이 무엇을 알고 또 모르는지 아이 스스로 점검해보는 겁니다. 또한 자신이 배운 사실을 제대로 암기하고 이해했는지, 끊임없이 자신에게 합리적 의심을 던져봅니다. 자체시험이 메타인지를 기르는 주요 방편이 되는 까닭은 우리들 모두가 가지고 있는 인지적 함정 때문입니다. 우리는 쉽게 자기기만에 빠집니다. 시험을 대비해 몇 시간 공부를 했다면, 그 노력과 시간에 압도당하고 우쭐해져서 정작 제대로 공부했는지, 잘 알고 있는지에 대해서는 무관심해질 수 있습니다.

《어떻게 공부할 것인가》에서는 이를 '거짓 감각false sense'이라고 설명합니다. 아이들이 흔히 도서관이나 독서실에서 혹은 학원에서 몇 시간 공부하고 돌아온 후 "나 이제 사회는 다 알아"라고 말합니다. 아이는 진심으로 그것이 맞다고 생각하지만 사실은 거짓일 확률이 높습니다. 모르는 것이 여전히 무척 많을 테니까요. 결국 제대로 공부했는지, 공부하지 않았는지를 분간하려면 끊임없이 자체시험을 쳐보아야 합니다. 아이가 초등학교에 입학하기 전부터 이 사실의 중요성을 잘 알려주세요. "안 보고 설명해볼게", "안 보고 적어볼게"라고 말하고 행동하는 습관을 만들어주세요.

만약 아이가 절지동물에 관해서 배웠다고 해볼까요? 그러면 이렇게 문제를 내고 답을 씁니다.

메타인지를 키워주는 자체시험 예시

절지동물에 대해 설명해보세요.

절지동물에는 곤충류, 거미류, 갑각류, 다지류 등이 속한다. 절지는 다리에 마디가 있다는 뜻이다. 절지동물은 무척 많아서, 전체 생물의 80퍼센트 이상을 차지하며, 현재까지 알려진 절지동물 수는 약 90만 종이다. 절지동물은 캄브리아기 초기부터 화석으로 남아 있다.

부모님은 아이가 쓴 내용을 하나씩 점검해줍니다. 틀린 곳 혹은 빠진 곳은 없는지 알려줍니다. 이럴 때를 대비해 내용이 충실한 백과사전이 구비되어 있다면 좋겠습니다. 물론 아이가 쓴 답이 절지동물의 모든 것을 다 설명해주지는 못하지만, 아이의 머릿속에 지식의 기본 단위인 '스키마'를 만들고 관련 시냅스를 만들어가는 데 있어 기초 작업이 되어줍니다. 이 스키마 위에 더 많은 지식과 이해를 덧씌우며 하나씩 업그레이드해나가면 됩니다.

자체시험은 거의 무한대로 응용해볼 수 있습니다. 만약 두 자리 곱셈을 배웠다면 '38×89=?'와 같은 식으로 스스로 문제를 내고 풀어볼 수 있을 것이고, 거의 모든 공부와 과목에 응용해볼 수 있습니다. 각종 개념 정의, 이해도 확인, 응용 문제 풀이 등에도 폭넓게 활용할 수 있습니다.

교과서 보고 문제 만들기

앞서 설명한 자체시험을 잘 실행하기 위해 평상시 꼭 해보아야 할 글쓰기 활동이 바로 문제 만들어보기입니다. 시험 때가 아니거나 시간적 여유가 있을 때 아이들과 문제 만들기 놀이를 해보세요. 교과서 문제나 참고서를 보며 문제 형식을 함께 연구해봅니다. 시험과 상관없이 일주일 단위로 만들 문제 양을 정해두는 것도 좋습니다. 과목별로 10문제씩만 만들어도 50문제가 넘기 때문에 양 조절이 중요합니다.

　이때 중요한 것은 아이의 시간과 능력을 고려해 최적의 양을 정하는 것입니다. 문제를 많이 만든다고 학습능력이 곧장 올라가는 것이 아니니, 이 활동의 취지를 잘 인지하고 있어야 합니다. 문제 만들기 활동의 가장 큰 효과는 문제가 만들어지는 원리 혹은 조건을 아이가 이해하고 파악하게 해준다는 것입니다. 이후 부모님이 아이가 낸 문제를 풀어봅니다. 그리고 아이에게 채점을 받아보세요.

효과가 검증된 메타인지 글쓰기 2: 집중력 평가지

 메타인지 능력을 키워주는 자체시험과 함께 아이가 꼭 배우고 습관화해야 할 자기성찰 습관 가운데 하나가 집중력 평가입니다. 쉽게 말해 아이가 공부나 독서 같은 집중력 활동을 하고 있거나 마쳤을 때 집중력의 수준을 스스로 평가하는 습관이 꼭 필요하다는 것입니다. 주의력 또는 집중력은 학습은 물론 아이의 거의 모든 활동에서 지대한 영향을 미치는 정신능력이기 때문입니다.

 집중력과 주의력, 이 두 용어를 구분해 사용하기도 합니다. 집중력the power of attention은 '자신이 좋아하는 일에 몰두하는 것'을 뜻한다면, 주의력the power of concentration은 '별로 좋아하지 않는 활동이라도 애써서 몰두해보는 것'까지 포함하는 개념입니다. 즉, 하기 싫은 일을 할 때 필요한 능력이 주의력인 것이지요. 또한 주의력은 어떤 일에 집중하는 동시에 주변의 자극을 통제할 수 있는 능력까지 포함하는 의미로 사용되기도 합니다.

갈수록 현대인의 집중력 지속시간이 줄어든다는 기사를 한번쯤 접했을 것입니다. 물론 그 이유는 스마트폰을 비롯한 과도한 디지털 미디어의 사용입니다. 실제로 〈타임〉지에 '당신의 주의력 지속시간은 금붕어보다 짧다'라는 기사가 실린 적이 있습니다. 이는 연구를 통해 밝혀진 데이터에 근거해서 만들어진 제목입니다. 2015년 마이크로소프트 캐나다 연구팀이 약 2,000명의 뇌파를 측정한 결과 2000년에는 집중력 지속시간이 12초로, 9초인 금붕어보다 조금 길게 나왔지만, 2015년 조사에서는 8초까지 떨어진 것이 확인되었습니다. 연구를 진행한 마이크로소프트 연구팀은 그 이유를 인터넷 사용이 늘면서 주의력 지속시간이 크게 떨어졌기 때문이라고 판단했습니다. 과연 우리 아이의 주의력 지속시간은 얼마나 될까요? 또 주의력의 질은 얼마나 될까요? 대한소아청소년정신의학회에서 제공하는 '주의력·충동성 평가지'(332쪽)로 아이의 현재 평균 주의력을 평가해볼 수 있습니다.

그런데 이 평가지로 아이의 주의력 수준을 매번 따지는

것은 그리 효과적이지 않습니다. 오히려 부정적인 자기 낙인이나 고정형 사고를 부추길 가능성도 있으니, 1년에 한두 차례 정도면 충분합니다. 그보다는 그때그때 자신의 주의력 활동에 대해 주관적 평가를 습관화하게 하는 것이 효과적입니다. 다음과 같은 주의력 수준 평가지를 통해 스스로 주의력을 평가하는 습관을 가지게 해줍니다.

나의 주의력 수준 평가하기

주의력 활동	나의 주의력 수준	이유
독서 - 호기심 과학백과	최상, 상, 중, 하, 최하 (해당 수준에 동그라미 하기)	평소 알고 싶었던 내용들이 많았다. 그래서 재밌게 읽을 수 있었다. 하지만 밥을 먹고 졸음이 와서 약간 주의력이 떨어졌다.

주의력은 그저 타고난 능력만은 아닙니다. 마시멜로 테스트에서 잘 알려진 바와 같이 한 사람의 자제력, 주의력은 후천적으로 얼마든지 높여나갈 수 있습니다. 또 어떤 생활을 하느냐, 어떤 습관을 갖추느냐에 따라서도 크게 달라질 수 있는 것이 주의력입니다. 먼저 피어스대학교에서 40년간 학생들을 가르친 마티 롭들 교수의 '적게 공부하면서도 스마트하게 공부하는 방법Study Less Study Smart'에 관한 동영상을 찾아보세요. 이 동영상은 집중력과 학습에 관한 매우 기초적인 정보를 알려줍니다. 특히 중요한 것은 어떤 배움의 대상에 집중하고 싶은 동기, 학구열이나 학습 의욕이 없다면 주의력이 향상되지 않는다는 사실입니다.

그밖에도 매우 다양한 요인들이 집중력에 관여합니다. 많은 연구에서 단지 식습관을 조금 교정했을 뿐인데, 아이들의 주의력에 큰 변화가 생긴 것을 확인할 수 있습니다. 아이들이 매일 먹고 있는 음식부터 잘 살펴볼 필요가 있습니다. 이외에도 일상에서 집중력에 영향력을 주는 다양한 습관들을 점검해볼 수 있습니다. 다음은 부모와 함께 살펴보는 주의력과 직결되는 생활습관 체크리스트입니다. 다음 평가지를 통해 기본적인 주의력 조건부터 점검해보세요. 주의력은 건강한 생활습관과 깊은 관련이 있습니다.

주의력·충동성 평가지

제공 : 대한소아청소년정신의학회

문항	전혀 그렇지 않다 (0)	약간 혹은 가끔 그렇다 (1)	상당히 혹은 자주 그렇다 (2)	매우 자주 그렇다 (3)
1. 학교 수업이나 일 혹은 다른 활동을 할 때 주의 집중을 하지 않고 부주의해서 실수를 많이 한다.				
2. 가만히 앉아 있지 못하고 손발을 계속 움직이거나 몸을 꿈틀거린다.				
3. 과제나 놀이를 할 때 지속적으로 주의 집중하는 데 어려움이 있다.				
4. 수업 시간이나 가만히 앉아 있어야 하는 상황에서 자리에서 일어나 돌아다닌다.				
5. 다른 사람이 직접 이야기하는데도 잘 귀 기울여 듣지 않는 것처럼 보인다.				
6. 상황에 맞지 않게 과도하게 뛰어다니거나 기어오른다.				
7. 지시에 따라서 학업이나 집안일 등 자신이 해야 할 일을 끝마치지 못한다.				
8. 조용히 하는 놀이나 오락 활동에 참여하는 데 어려움이 있다				
9. 과제나 활동을 체계적으로 하는 데 어려움이 있다.				
10. 항상 '끊임없이 움직이거나' 마치 '모터가 달려서 움직이는 것처럼' 행동한다.				
11. 공부나 숙제 등 지속적으로 정신적 노력이 필요한 일이나 활동을 피하거나 싫어하거나 또한 하기를 꺼려한다.				

12. 말을 너무 많이 한다.				
13. 과제나 활동을 하는 데 필요한 것들 (장난감, 숙제, 연필)을 잃어버린다.				
14. 질문을 끝까지 듣지 않고 대답한다.				
15. 외부 자극에 의해 쉽게 산만해진다.				
16. 자기 순서를 기다리지 못한다.				
17. 일상적인 활동을 잊어버린다. (예: 숙제를 잊어버리거나 도시락을 두고 학교에 간다.)				
18. 다른 사람을 방해하고 간섭한다.				

※ 지난 일주일 동안 아이가 보인 행동을 가장 잘 기술한 곳에 체크해보세요.

※ 평가

— 점수 합계 18~21점: ADHD(주의력 부족과 과잉행동장애)의 가능성이 보이므로, 보다 세심한 관찰과 주의가 필요하다.

— 점수 합계 22점 이상: ADHD 가능성 고위험군으로 분류된다. 생활 지도 및 주의력을 높이기 위한 행동 치료를 병행하는 편이 좋다.

뛰어난 리더로 거듭나기 위해서는 무엇보다 주의력을 훈련해야 한다고 말하는 대니얼 골먼은 저서 《포커스》에서 우리의 마음 근육, 그중 특히 주의력은 충분히 사용하지 않으면 위축되고, 잘 사용하면 점점 발달한다고 말하고 있습니다. 꾸준히 주의력 집중 활동을 늘리고 수시로 자신의 주의력 수준을 평가해보도록 도우면서 아이들이 더 주의력 있게, 몰입해서 자신의 과업들을 성취해나갈 수 있게 해주세요.

주의력과 직결되는 생활습관 체크리스트

No.	집중력 높이는 생활습관	체크 (O, X)
1	책상과 공부방을 깨끗하게 정돈한다.	
2	공부 중 스마트폰 보기나 음식 먹기 같은 공부 외 활동은 자제한다.	
3	20~30분 집중한 뒤 5분 정도 쉬는 시간관리 패턴을 유지한다. 단 쉬는 시간이 10분 이상 늘어나면 리듬이 깨지기 쉬우므로 통제가 필요하다.	
4	집중력이 가장 높은 시간을 골라 공부한다. 아침형, 저녁형, 올빼미형 등 사람마다 집중력이 높은 시간이 다르다.	

5	집중력을 돕는 식품을 충분히 섭취한다. 단것이나 카페인 음료는 일시적으로 집중력을 높이나 장기적인 집중력 향상에는 해롭다. 대신 오메가3가 풍부한 견과류나 등푸른생선, 항산화 능력이 뛰어난 블루베리, 뇌 영양소가 많은 달걀, 철분이 풍부한 시금치, 신경전달물질이 풍부한 바나나 등은 안심하고 활용해도 좋은 뇌 영양식이다.	
6	공부 전후에 명상을 한다.	
7	좌뇌와 우뇌를 골고루 쓸 수 있도록 공부 스케줄과 방식을 취한다. (예: 과학책 읽기와 음악 감상의 반복)	
8	쉴 때마다 심신과 뇌파를 안정시키는 음악이나 그림, 글귀를 읽으며 다음 공부를 준비한다.	
9	공부 목표를 세울 때는 큰 목표보다는 달성하기 쉬운 작고 단기적인 목표를 세운다. 목표를 이룬 뒤에는 자기 칭찬과 보상을 통해 목표 달성을 충분히 축하해주어 다음 공부에 더욱 집중할 수 있게 한다.	
10	자는 시간을 쪼개 공부하기보다는 충분한 수면을 취해 공부 효율을 높인다.	

효과가 검증된 메타인지 글쓰기 3: 오답 노트

　취학 전에도 가능하지만, 아이들이 정식 시험을 치기 시작하면 꼭 가르쳐야 할 것이 바로 오답 노트 만들기입니다. 이는 매우 중요한 학습 활동이자 글쓰기 활동입니다. 하지만 이것이 아이들에게 징벌이나 숙제로 강요될 때는 득보다 실이 훨씬 커집니다. 그럼에도 불구하고 여전히 많은 교사, 강사, 부모 들이 문제를 틀린 대가로 해야 할 숙제로 오답 노트를 활용하곤 합니다.

　많은 아이들과 교감하면서 아이들이 어른들의 그러한 요구를 폭력적으로 느낀다는 사실을 알게 되었습니다. 저는 그 후부터는 아이들에게 오답 노트를 강요하지 않았고 항상 선택 사항으로 남겨두었습니다. 검사를 하지 않을 테니 작성해보고 싶은 사람만 해보라는 식으로요. 대신 오답 노트가 가져다주는 셀 수 없이 많은 유익들에 관해서는 입에 침이 마르도록 설명했지요. 사실 이는 제 개인적 체험과도 관련이 있습니다. 저는 고등학교 2학년까지 평범한 인문계 고등학교에서 항상 하위권 성적에 머물렀습니다. 하지만 불과 2년 만에 연세대학교에 입학할 수 있었습니다. 많은 공부 기술과 학구열 덕분이었지만, 가장 큰 도움을 받은 것은 오답 노트였습니다.

오답 노트는 오래된 학습 기술이자 메타인지를 키워주는 도구로서 탁월합니다. 아이들에게 항상 일러주는 오답 노트에 관한 지침들은 다음과 같습니다.

 오답 노트를 효과적으로 활용하기 위한 10가지 지침

1. 시간적인 여유가 있고, 하고 싶은 마음이 있을 때만 작성한다. 하기 싫을 때 작성하면 오히려 독이 된다.

2. 틀린 문제 모두를 오답 노트에 정리할 필요는 없다. 기재 여부를 스스로 판단해보라.

3. 중요한 실수, 미처 몰랐던 사실, 꼭 알아두어야 할 사실 등 중요도가 높으면서도 틀린 문제를 선별해 한 문제, 한 문제 정성껏 정리한다.

4. 쓰든, 쓰지 않든 매 학기마다 과목별로 꼭 오답 노트를 마련해두라. 모자라면 당연히 새로 사서 계속 이

어나가라.

5. 오답 노트를 작성할 때 자기 분석을 꼭 적어보라. 왜 이 문제를 틀렸는지, 무엇을 몰라서 그랬는지, 다음에 주의할 점은 무엇인지, 자신이 생각하는, 이 문제를 틀린 이유를 적어보라. 잘 모르겠다면 학습 코치와 상의해서 그 이유를 꼭 찾아야 한다.

6. 오답 노트는 죽을 때까지 가지고 가는 유산이다. 아니, 적어도 대학교에 입학할 때까지는 계속 가지고 있으면서 수시로 자기 분석을 해야 할 대상이다.

7. 오답 노트 완성에만 목표를 두지 말자. 오답 노트를 정리하며 다시 공부해야 할 부분이나 연습해야 할 내용을 찾아서 차근차근 복습해본다.

8. 주기적으로 학습 코치나 부모에게 오답 노트를 보여주면서 자신의 약점이나 문제점, 보완해야 할 사항에 관한 교정과 지도를 받아야 한다.

9. 시험 일주일 전까지만 오답 노트를 열심히 정리하고, 시험 기간에는 빠르게 원인 분석만 하라. 시험 기간에도 오답 노트 작성에 힘을 빼면 다른 곳에 쓸 에너지가 모자란다. 단, 시험이 끝나면 반드시 미뤄두었던 내용까지 모두 통합해서 정리하라.

10. 오답 노트는 학습능력과 지식을 효과적으로 상승시켜주는, 중요한 학습 동반자라는 마음가짐을 갖는다.

오답 노트 작성 시 조금 시간이 걸리더라도 문제 필사도 생략하지 않도록 지도해줍니다. 문제 필사 자체가 가지는 다양한 학습 효과가 있기 때문입니다. 공부 잘하는 아이들은 문제를 아예 외운다고들 하죠. 억지로 하는 것은 역효과를 낼 수 있지만, 여러 번 반복학습하며 저절로 문제가 외워지는 것은 학습을 지지하는 탄탄한 배경지식으로 자리 잡습니다. 아이들에게 문제 하나하나가 소중한 지식이라는 사실을 잘 설명해주세요.

오답 노트 정리에서 가장 중요한 부분은 틀린 이유를 분석하는 일입니다. 문제를 틀린 이유를 물어보면 아이들은 갑자기 생각이 나지 않았다거나, 다른 숫자가 생각났다거나 하는 식으로 부모님이 공감하기 어려운 이유를 댈 때도 많습니다. 그 이유가 거짓이 아니라면 이 역시 아이의 학습적 약점을 잘 드러내는 것이므로 가감 없이 기록할 필요가 있습니다.

한 가지 꼭 당부하고 싶은 점은 우리 아이들이 지금 지나치게 많은 문제를 풀고 또 너무 많은 문제를 틀린다는 사실, 그래서 오답 노트에 정리해야 할 양도 산더미 같다는 사실입니다. 우리 모두는 한계를 가진 존재입니다. 아이들에게도 많은 약점과 한계가 있습니다. 자신이 감당하기 힘든 학습은 언제라도 아이에게 상처를 주는 독이 될 수 있습니다. 내 아이의 삶을 항상 웰빙의 관점에서 바라보고 조화롭게 조율하며 학습·여가·취미활동·교우활동 모두를 아이의 역량과 잠재력 안에서 디자인하는 지혜가 필요합니다. 내가 지금 아이에게 시키고 싶은 교육적 활동 100가지가 있다면, 그중 10가지 이내만을 엄선해 장려하는 정도가 바람직합니다.

메타인지력 향상을 위한 오답 노트의 예시

쪽수	문항번호	중단원명	문제 유형	Study Date		

문제쓰기	틀린 이유
	□ ⓐ 문제 이해 부족 □ ⓑ 개념 이해 부족 □ ⓒ 계산 과정 실수 □ ⓓ 기타 _____
풀이쓰기	관련 개념

쪽수	문항번호	중단원명	문제 유형	Study Date		

문제쓰기	틀린 이유
	□ ⓐ 문제 이해 부족 □ ⓑ 개념 이해 부족 □ ⓒ 계산 과정 실수 □ ⓓ 기타 _____
풀이쓰기	관련 개념

적재적소에 활용해
공부 효율을 높이는 암기법 놀이

공부를 하다가 심한 좌절감이 느껴질 때가 있습니다. 바로 바로 외우고 싶은 내용이 잘 외워지지 않는 순간입니다. 그럴 때 우리는 흔히 자신의 지능이 낮아서, 기억력이 떨어져서 그런 것이라고 생각합니다. 하지만 이는 반드시 맞는 생각은 아닙니다. 기억력이 그리 좋지 않거나 지능이 높지 않은 사람도 외우는 일만큼은 기가 막히게 잘할 수 있기 때문입니다.

망각의 늪에서 기억을 남기는 일. 인류는 오랫동안 이 문제를 고민해왔습니다. 이를 기억술Mnemonic이라고 부릅니다. 고대 그리스인도 이를 중요한 학문으로 다루었지요. 그들은 자신의 생각을 좀 더 멋지게 표현하는 방법인 수사학에 큰 관심이 있었는데 그 수사학에 속하는 다섯 과목 중 하나가 바로 기억술Memoria이었습니다. 학습과학 분야에서는 기억술을 '정보를 장기기억에 저장하는 의도적이고 계획적인 활동'이라고 정의하면서 '기억전략memory strategies'이라고 부르기도 합니다. 기억전략의 핵심은 학습 내용에는 존재하지 않는 연합들을 만들어 이를 부호화하여 뇌에 좀 더 입력이 잘 되도록 만드는 기술입니다. 특히 새로운 것(신정보)과 기존의 것(구정보) 사이에 인위적인 고리를 만들어 기억력을 높이는 것입니다.

인터넷 백과사전만 검색해보아도 수십 종류의 암기법이 있습니다. 하지만 아이의 연령에 따라 혹은 학습능력이나 개성에 따라 더 선호하거나 잘하는 암기법이 따로 존재합니다. 장소를 떠올려 기억하고 싶은 대상을 배치하는 **장소법**, 이야기를 짜서 기억하고 싶은 대상을 등장시키는 **이야기법**, 이야기법과 비슷하지만 여기에 시각이나 감각 정보를 같이 연결해 떠올리는 **영상화기법**, 기억하고 싶은 대상의 머리글자를 떼서 기억하는 **머리글자법**(무지개색은 '빨주노초파남보') 등 다양한 암기법을 확인할 수 있습니다. 그중 효과가 검증된 암기법 가운데 하나가 바로 앞에서도 여러 번 소개했던 마인드맵 기법입니다. 마인드맵은 중간에 주제를 적고 꼬리에 꼬리를 물며 관련 내용을 적는 방법으로 새로운 아이디어를 구상하거나 암기 내용을 정리할 때 유용합니다. 오늘 배운 내용은

빈칸에 적고, 모자라면 연결선과 도형을 더 그려서 이어나가
보세요.

마인드맵 암기법

학습동기를 강화하는 공부에 관한 명언 따라 적기

지적 능력, 정신 능력에 대해 어떤 생각을 가지고 있나요? 지능은 타고나는 것일까요, 아니면 계발되는 것일까요? 최신 신경과학은 지능과 뇌신경이 지속적으로 성장한다는 신경가소성Neuroplasticity 이론을 전폭적으로 지지하고 있습니다. 연구에 따르면 신경가소성의 폭이 상당히 큰 것으로 밝혀졌습니다. 또 지능은 유전뿐만 아니라 사회문화의 영향도 크게 받습니다. 앞서 아시아인들이 학업에서 더 큰 성과를 내는 이유 중 의식과 문화의 영향이 크다는 사실을 이야기했습니다. 여기에 대해 집중적으로 연구하고 조명한 학자가 있습니다. 바로 리처드 니스벳인데요. 그는 저서 《무엇이 지능을 깨우는가》에서 지능의 상당 부분이 환경과 문화에 의해 형성된다는 사실을 여러 연구와 증거들을 통해 알려주었습니다. 한마디로 교육과 학교가 사람을 더 똑똑하게 만들고, 계층·문화·사고방식이 지능에 지대한 영향을 미친다는 것이지요.

학습에 관련해 가장 중요한 마음가짐은 성장형 사고 Growth mindset입니다. 성장형 사고는 앞서 소개한 낙관성과도 매우 연관이 깊은 마음가짐입니다. 성장형 사고는 타고난 조건에 구애받지 않고 자신의 능력과 기술이 꾸준한 노력을 통해 성장할 수 있다는 믿음입니다. 성장형 사고는 낙관적 사고에 의해 자라고, 또 낙관성의 기초가 됩니다. '피그말리온 효과Pygmalion effect'라는 말을 들어보았을 것입니다. 당사자가 일이 잘 풀릴 것으로 기대하면 그 일이 더 잘 풀리고, 안 풀릴 것으로 기대하면 더 안 풀리는 것과 관련된 자기충족적 예언 Self-fulfilling prophecy의 효과를 가리키는 심리 용어입니다.

부모님과 아이 모두 자신의 지력에 대해 고정형 사고가 아닌 성장형 사고를 가져야 합니다. 이를 위해 부모님이 먼저 최신 신경가소성 이론에 대해 알아보세요. 또 자신과 아이의 지력이 성장할 것이라 믿으며 아이를 응원하는 말을 자주 해주세요. 그것을 글로도 표현해보세요. 이를테면 "나는 앞으로 열심히 공부하고 열심히 노력할 거야. 그래서 더 현명하고 지혜로운 사람이 될 거야"같은 말을 적고, 또 이를 자주 상기해 봅니다. 그러면 아이는 실질적인 피그말리온 효과를 경험하게 될 것입니다. 아이들이 종종 공부에 관한 질문을 할 것입니다. "왜 공부해야 하나요?"같은 뻔한 질문부터 "공부하면 저에게 어떤 일이 생길까요?"처럼 복잡한 질문까지 많은 종류의 질문이 있을 수 있습니다. 아이가 처음 공부를 시작할 때 공부에 관해 긍정적인 생각을 갖는 것이 중요한 만큼 아이의 이러한 질문에 대해서도 미리 생각을 정리해둘 필요가 있습니다.

이와 관련해 책 그리고 명언집에서 다음과 같은 공부에 관한 명언들이 도움이 될 것입니다. 공부에 관한 명언을 찾아 읽으며 생각해보고, 또 이를 따라 적어보세요. 다음은 공부에 관한 명언들 중에 몇 가지를 추려본 것입니다.

인간이 살며 배우지 않는다면 어두운 밤길을 가는 것과 같다

人生不學, 如冥冥夜行.

- 주나라 태공

사물을 이해하려는 노력이 으뜸이자 유일한 기본 미덕이다

The endeavor to understand is the first and only basis of virtue.

- 스피노자

교육은 우리 자신의 무지를 점차 발견해가는 과정이다Education is a progressive discovery of our own ignorance.

　　　　　　　　　　　　　　　　　　　　- 윌 듀란트

청년에게 정형화된 성공을 인생의 중요한 목표라고 설교하는 일이 없도록 조심해야 한다. 학교와 인생에서 가장 큰 동기부여는 일과 학업의 즐거움, 그 성과에서 얻는 즐거움 그리고 그 결과가 지역사회에 기여하는 가치를 인식하는 것이다One should guard against preaching to young people success in the customary form as the main aim in life. The most important motive for work in school and in life is pleasure in work, pleasure in its result, and the knowledge of the value of the result to the community.

　　　　　　　　　　　　　　　　　　- 앨버트 아인슈타인

배움이 없는 자유는 언제나 위험하며 자유가 없는 배움은 언제나 헛된 일이다Liberty without learning is always in peril and learning without liberty is always in vain.

　　　　　　　　　　　　　　　　　　　- 존 F. 케네디

배우고 수시로 익히면 또한 기쁘지 아니한가學而時習之 不亦悅乎.

　　　　　　　　　　　　　　　　　　　　　- 공자

교육은 노후를 위한 최상의 양식이다Education is the best provision for old age.

- 아리스토텔레스

내가 우울한 생각의 공격을 받을 때 책으로 달려가는 일처럼 도움이 되는 것은 없다. 책은 나를 빨아들이고 마음의 먹구름을 지워준다When I am attacked by gloomy thoughts, nothing helps me so much as running to my books. They quickly absorb me and banish the clouds from my mind.

- 몽테뉴

책이 없는 방은 영혼 없는 육체와도 같다A room without books is like a body without a soul.

- 키케로

방대한 양의 명언들을 망라해놓은《라루스 세계 명언 대사전》은 제게 황금광 같은 책 가운데 하나입니다. 자기만의 좋은 글 대사전을 만들고 싶다면 조금 더 수준 높은 방법으로 에픽테토스나 니체, 스피노자 같은 철학자들의 명언을 참조할 수도 있습니다(이는 사실 요즘 제가 가장 열을 올리는 일이기도 합니다). 하지만 이외에도 우리가 해야 할 일들이 너무 많지요. 서점에서 명언집 한두 권 정도를 사서 소박하게 시작해보는 것도 그리 나쁘지 않습니다.

모든 아이가 글쓰기를 즐길 수 있기를 바라며

우리 사회의 대표적인 숨은 적폐가 있으니 바로 잘못된 독서법, 잘못된 글쓰기 방법입니다. 한때 전집으로 아이를 폭행하는 독서가 횡행했고 그 폐해가 적지 않았습니다. 그리고 최근에는 수능을 잘 보게 만들어준다는 독서법도 쓰나미처럼 범람하고 있습니다. 저는 그 때문에 마음과 학구열이 손상된 아이들을 수도 없이 만났습니다. 수능 하나 잘 보는 것이 도대체 무엇이라고 말이지요. 분명히 알아야 할 사실은 시험을 잘 보는 능력이란 인간의 지성 가운데 아주 작은 부분에 지나지 않는다는 점입니다.

명문대를 다니는 학생이지만 '삶에서 가장 소중한 것은 무엇인가?' 같은 간단한 질문으로 글쓰기를 해보게 하면 제대로 써내지 못하는 경우가 너무 많습니다. 문제풀이에는 능하지만 인생 감각은 제로인 경우도 정말 많고요. 이것은 우리 사회에 팽배한 잘못된 독서법, 글쓰기의 대표적인 폐해입니다. 무엇보다도, 통찰을 주는 글쓰기, 인성을 기르는 글쓰기, 정서적인 글쓰기를 제대로 가르치지 않는 교육 탓이기도 합니다. 지금 우리 사회를 오랫동안 괴롭혀온 조기 독서, 과잉 독서만큼 잘못된 글쓰기 교육이 문제를 일으키고 있습니다.

많은 부모님들이 내 아이만은 예외라고 믿고 싶겠지만 부모나 교사, 강사가 강요하는 글쓰기 때문에 고통스러워하는 아이들이 정말 많습니다. 우리 사회가 워낙 공감을 상실해서 그런지 이런 아이들의 고통을 너무나 쉽게 외면합니다. 그리고 슬프지만 아이가 괴롭든 말든 이 글쓰기 폭행을 꼭 달성되어야 하는 일로 여깁니다. 이런 상황에서 어떤 아이들은 부모를 사이코패스라고 하는 경우도 있습니다. "내가 이렇게 힘든데, 엄마는 계속 나에게 글을 써야 한다고 강요해요. 어디서 못된 것만 배워가지고." 과연 이 아이들은 어디서 무엇부터 잘못된 것일까요? 어떤 어려움이 아이들을 이렇게 만들었을까요?

지금도 한국 사회 곳곳에 아이를 괴롭히는 글쓰기가 범람하고 있습니다. 그런 글쓰기를 다른 사람들에게 퍼뜨리는 사람들은 심지어 아이에게 그것을 즐겁게 시키라고 주장합니다. 그런데 이는 정말 앞뒤가 안 맞는 말이지요. 아이가 즐겁게 글을 쓰게 할 방법은 전혀 알려주지 않으면서, 아이 심장을 마구 찌르는 논술수업식 글쓰기만 가르치고 있으면서 무조건 즐겁게 해내야 한다고 강요하다니요.

아이가 글을 즐겁게 쓸 수 있는 방법은 대체 무엇일까요? 이는 결코 말처럼 쉬운 일이 아닙니다. 저 역시 아이들의 글쓰기를 30년 가까이 지도해온 심리전문가이지만 이 과제가 퍽 그리고 늘 어렵습니다. 상담실에서 만난, 이제 글쓰기라면 넌더리가 난다는 아이들은 단 몇 줄의 글이라도 좋으니 한번 써보라는 제 부탁 앞에서 좀처럼 연필을 잡으려 하지 않습니다. 자기 마음을 적는 것이 싫어서가 아니라 글쓰기가 너무 지겹기 때문이라고 말하면서요.

지난 10년간 교육제도가 조금씩 변화하며 아이들에게 많은 글쓰기 과제를 요구하고 있습니다. 이것이 겉으로는 좋아 보이지만 기실 속 빈 강정입니다. 우선 글쓰기 즐거움을 모르는, 즉 글쓰기 시냅스가 부족한 아이들에게는 글을 쓴다는 행위 자체가 이루 말할 수 없이 괴로운 일입니다. 또 더 큰 문제는 글쓰기 과제들이 좀처럼 아이들을 즐겁게 만들지 못하는 글쓰기 도안들인 까닭입니다. 그러니 지금 이 순간 아이에게 제안하는 독서 혹은 글쓰기가 혹여 아이 마음에 상처를 만들지는 않는지 살피고 또 살펴야 합니다. 그것을 가늠할 수 있는 가장 좋은 지표는 바로 아이입니다. 글쓰기를 시켰을 때 아이의 표정을 유심히 바라보세요. 그리고 아이에게 물어보세요. 이 글쓰기가 즐거웠는지, 아니면 아무 감흥이 없었는지, 혹은 정말 끔찍하게 힘들었는지 말이지요.

사실 글쓰기는 무척이나 즐겁고 행복한 활동입니다. 글쓰기는 아이에게 가장 큰 기쁨을 줄 수 있는 방법 가운데 하나입니다. 글쓰기는 유한한 인간이 영원에 도전하는 유일한 방법이기도 합니다. 내 생은 끝나도 내 글은 남을 것이니까요. 저는 새벽에 글을 쓸 때마다 깊은 몰입을 느낍니다. 하지만 이는 비단 저 같은 작가만 느낄 수 있는 감정은 아닙니다. 심지어 이제 글을 갓 배운 4세짜리 아이도 글을 쓰며 깊은 몰입감을 느끼는 것을 볼 수 있습니다. 평생 글쓰기가 고역이었던 사람이라 해도 예외는 아닙니다. 생전 글쓰기를 즐겨보지 못했던 사람조차 올바른 도움을 받으며 한 가지씩 즐거운 글쓰기 도안을 채워나가면서 글쓰기 쾌감을 알게 되었다고 고백합니다. 부모님이 아이의 타고난 표현 본능을 망가뜨리지만 않는다면 우리 아이들은 사는 내내 글쓰기의 쾌감을 느끼고 또 누리며 살 수 있습니다. 또한 그러한 시냅스 글쓰기를 통해 자신의 마음을 보듬고, 낙관성과 창의력을 키우며, 공부의 진정한 재미와 기쁨도 알게 될 것입니다. 이 책에 소개한 다양한 글쓰기 방법, 원리, 도안 들을 통해 부디 아이가 단 한 번이라도 즐거운 글쓰기 경험을 누리고 이것을 발판으로 더 나은 미래로 나아갈 수 있기를 바랍니다.

이 책의 참고문헌 및 함께 읽으면 좋은 책

다음은 이 책을 집필하면서 참고한 도서이자 시냅스 글쓰기를 지도하는 부모님과 선생님이 읽어 보면 좋을 도서의 목록입니다.

제목	저자	역자	출판사
365일 작가 연습	주디 리브스	김민수	스토리유
가족의 목소리	대니얼 고틀립	정신아	문학동네
감정사용설명서	롤프 메르클레·도리스 볼프	유영미	생각의날개
공감하는 능력	로먼 크르즈나릭	김병화	더퀘스트
공부가 되는 글쓰기	윌리엄 진서	서대경	유유
공부를 넘어 교육으로	마사 누스바움	우석영	궁리
공부하는 우리 아이들 머릿속의 비밀	데이비드 A. 수자	박미경	한국뇌기반교육연구소
굿바이 스트레스	매튜 존스톤·마이클 플레이어	강유리	생각속의집
굿바이 심리 조종자	크리스텔 프티콜랭	이세진	부키
궁금해요, 모모쌤의 독서테라피	엄혜선	-	애드앤미디어
그릿	앤절라 더크워스	김미정	비즈니스북스
글쓰기 어떻게 가르칠 것인가	게일 E. 톰킨스	이재승 외 2명	박이정

글쓰기 처방전	채인선 글· 정우열·권윤주 그림	-	책읽는곰
글쓰기 특강	리사 크론	서자영	처음북스
글쓰기 표현사전	장하늘	-	다산초당
글자로만 생각하는 사람 이미지로 창조하는 사람	토머스 웨스트	김성훈	지식갤러리
나는 이제 행복하게 살고 싶다	캐롤라인 A. 밀러	유펜긍정심리학 응용센터 외 1명	물푸레
나라서 참 다행이다	크리스토프 앙드레	이세진	북폴리오
나를 위로하는 글쓰기	셰퍼드 코미나스	임옥희	홍익출판사
나를 치유하는 글쓰기	줄리아 카메론	조한나	이다미디어
낙관적인 아이	마틴 셀리그만	김세영	물푸레
내 아이를 위한 감정코칭	존 가트맨 외 2명	-	한국경제신문
내 안의 긍정을 춤추게 하라	바버라 프레드릭슨	우문식 외 1명	물푸레 .
내가 공부하는 이유	사이토 다카시	오근영	걷는나무
논픽션 쓰기의 모든 것	데이비드 밴 외 1명	안희정	다른
뇌기반 학습과학	테리 도일 외 1명	박용한	학지사
느리게 읽기	데이비드 미킥스	이영아	위즈덤하우스
다시, 책으로	매리언 울프	전병근	어크로스
다중지능	하워드 가드너	유경재 외 1명	웅진지식하우스

단단한 공부	윌리엄 암스트롱	윤지산 외 1명	유유
라루스 세계 명언 대사전	모리스 말루	연숙진 외 1명	보누스
리리딩	퍼트리샤 마이어 스팩스	이영미	오브제
마음가면	브레네 브라운	안진이	더퀘스트
마음의 작동법	에드워드 L. 데시 외 1명	이상원	에코의 서재
마음챙김 학습혁명	엘렌 랭어	김현철	더퀘스트
마인드 체인지	수전 그린필드	이한음	북라이프
마인드웨어	리처드 니스벳	이창신	김영사
명상에 대한 거의 모든 것	지오반니 딘스트만	서종민	불광출판사
모든 교사, 학부모가 꼭 알아야 할 학습과학 77	브래들리 부시· 에드워드 왓슨	신동숙	교육을바꾸는사람들
몰입Flow	미하이 칙센트미하이	최인수	한울림
무엇을 위해 살 것인가	윌리엄 데이먼	한혜민 외 1명	한국경제신문
무엇이 지능을 깨우는가	리처드 니스벳	설선혜	김영사
방황의 기술	레베카 라인하르트	장혜경	웅진지식하우스
배운다는 건 뭘까?	채인선 글· 윤봉선 그림	–	미세기
부모와 아이 사이	하임 기너트	신홍민	양철북

비블리오테라피	조셉 골드	이종인	북키앙
비폭력 대화	마셜 B. 로젠버그	캐서린 한	한국NVC센터
성격이란 무엇인가	브라이언 리틀	이창신	김영사
속이 뻥 뚫렸어!	엘리즈 그라벨	김민송	토토북
스마트 브레인	데이비드 월시	천근아 외 1명	비아북
스토리	티모시 윌슨	강유리	웅진지식하우스
스토리텔링 바이블	대니얼 조슈아 루빈	이한이	블랙피쉬
슬로싱킹	황농문	–	위즈덤하우스
습관의 힘	찰스 두히그	강주헌	갤리온
싱크 어게인	애덤 그랜트	이경식	한국경제신문
쓰기의 감각	앤 라모트	최재경	웅진지식하우스
아이는 어떻게 말을 배울까	로버타 미치닉 골린코프 외 1명	문채원	교양인
아이들 마음을 치유하는 101가지 이야기	수전 페로	김지애	고인돌
아이와 함께 철학하기	프레데릭 르누아르	강만원	김영사
아이의 행복 플로리시	제니 후퍼	우문식 외 2명	물푸레
아주 작은 습관의 힘	제임스 클리어	이한이	비즈니스북스
앞서가는 아이들은 어떻게 배우는가	알렉스 비어드	신동숙	아날로그(글담)

양육 솔루션 (아이의 심리편, 아이의 행동편)	미셸 보바	남혜경	물푸레
어떻게 공부할 것인가	헨리 뢰디거 외 2명	김아영	와이즈베리
영국의 독서 교육	김은하	–	대교
왜 생각처럼 대화가 되지 않을까?	앤드류 뉴버그 외 1명	권오열	알키
왜 학생들은 학교를 좋아하지 않을까?	대니얼 T. 윌링햄	문희경	부키
우리는 어떻게 창의적이 되는가	셸리 카슨	이영아	알에이치코리아
우리의 고통을 이해하는 책들	레진 드탕빌	문혜영	펄북스
인간은 어떻게 배우는가?	하워드 가드너	류숙희	사회평론
인생을 글로 치유하는 법	바바라 애버크롬비	박아람	책읽는수요일
인생학교 정신	필립파 페리	정미나	쌤앤파커스
자녀교육, 사랑을 이용하지 마라	알피 콘	김설아	우리가
자존감의 모든 것	나네테 버튼 몬젤루조	문종원	성바오로
적기교육	이기숙	–	글담출판
좋은 산문의 길, 스타일	F. L. 루카스	이은경	메멘토
주인과 심부름꾼	이언 맥길크리스트	김병화	뮤진트리

창의력 교육 어떻게 할 것인가?	앨런 조던 스타코	이남진	한언
창의성을 타고나다	스콧 배리 카우프만 외 1명	정미현	클레마지크
창의성의 즐거움	미하이 칙센트미하이	노혜숙	북로드
창의적 글쓰기 100일의 기적	보니 노이바우어	전소현	넥서스BOOKS
책 읽기가 즐거운 101가지 이유	라주아드리르 편집부 글·기욤 룡 그림	강인경	미디어창비
철학, 기쁨을 길들이다	프레데릭 르누아르	이세진	와이즈베리
철학의 위안	알랭 드 보통	정명진	청미래
최고의 공부	켄 베인	이영아	와이즈베리
최고의 교사는 어떻게 가르치는가 2.0	더그 레모브	이주혜	해냄출판사
최고의 작가들은 어떻게 글을 쓰는가	루이즈 디살보	정지현	예문
켄 로빈슨 엘리먼트	켄 로빈슨·루 애로니카	정미나	21세기북스
크라센의 읽기 혁명	스티븐 크라센	조경숙	르네상스
펀 러닝	라우리 야르빌레토	유영만	토트
표현적 글쓰기	제임스 W. 페니베이커 외 1명	이봉희	엑스북스

프로젝트 수업 어떻게 할 것인가? 1, 2	존 라머 외 2명	최선경 외 2명	지식프레임
필링 굿	데이비드 번스	차익종 외 1명	아름드리미디어
하루 10분 엄마표 지능코칭	클레어 고든 외 1명	조진경	아름다운사람들
하루 15분 책읽어주기의 힘	짐 트렐리즈 외 1명	이문영	북라인
하루 한 장 마음챙김	루이스 L. 헤이 외 1명	박선령	니들북
학습과학	미국 학습과학 발전위원회	박종효 외 2명	학지사
학습코칭	캐롤린 코일	정종진	시그마프레스
해피어	탈 벤 샤하르	노혜숙	위즈덤하우스
행복의 완성	조지 베일런트	김한영	흐름출판
행복의 조건	조지 베일런트	이덕남	프런티어
행복한 가족의 8가지 조건	스콧 할츠만 외 1명	정수지	랜덤하우스코리아
행복한 감정 사전	최형미 글· 임성훈 그림	–	아울북

시냅스 초등 글쓰기

1판 1쇄 발행 2022년 1월 26일

지은이 · 박민근
펴낸이 · 주연선

(주)은행나무
04035 서울특별시 마포구 양화로11길 54
전화 · 02)3143-0651~3 | 팩스 · 02)3143-0654
신고번호 · 제 1997—000168호(1997. 12. 12)
www.ehbook.co.kr
ehbook@ehbook.co.kr

ISBN 979-11-6737-122-5 (03370)